山 东 省 职 业 教 育 课 程 改 革 教 材

中 等 职 业 教 育 各 专 业 通 用 教 材

创新创业与就业指导

赵金英　孙艳丽　范守才　主编

山东科学技术出版社
·济南·

图书在版编目（CIP）数据

创新创业与就业指导 / 赵金英，孙艳丽，范守才主编 . -- 济南：山东科学技术出版社，2019.9（2025.8 重印）

ISBN 978-7-5331-9831-2

Ⅰ . ①创… Ⅱ . ①赵… ②孙… ③范… Ⅲ . ①职业选择 – 中等专业学校 – 教材 Ⅳ . ① G717.38

中国版本图书馆 CIP 数据核字（2019）第 186689 号

创新创业与就业指导

CHUANGXIN CHUANGYE YU JIUYE ZHIDAO

责任编辑：赵 旭 焦 卫

装帧设计：孙 佳 孙非羽

主管单位：山东出版传媒股份有限公司

出 版 者：山东科学技术出版社

地址：济南市市中区舜耕路 517 号

邮编：250003 电话：（0531）82098088

网址：www.lkj.com.cn

电子邮件：sdkj@sdcbcm.com

发 行 者：山东科学技术出版社

地址：济南市市中区舜耕路 517 号

邮编：250003 电话：（0531）82098067

印 刷 者：山东海印德印刷有限公司

地址：山东省临沂市高新技术产业开发区郭家岑石社区郭苑路北段东侧

邮编：250104 电话：（0538）6119360

规格：16 开（184 mm × 260 mm）

印张：9.5 **字数：**220 千

版次：2019 年 9 月第 1 版 **印次：**2025 年 8 月第 7 次印刷

定价：36.00 元

主　审　毛艳丽

主　编　赵金英　孙艳丽　范守才

副主编　张　萍　李宇晴　顾　爽

编　者　宋夕东　刘传彬

前言

在“大众创业、万众创新”政策的激励下，全国各地中职学校积极开展创业教育，建设创业基地，在学生心中播撒创业种子。教材编写团队成员在长期的创业教育教学中发现当前中职学校的创业教育教材内容重理论、轻实践、少操作，不能充分适应当代中职教育的要求。

基于以上问题，团队成员研究分析德育课程标准，根植德育三维目标，面向中等职业学校学生编写了本教材。根据中职学生理论学习弱，动手能力强，创新具有极大潜力的特点，引导学生不断增强学习和成长成才的信心，树立正确的人生观、价值观和就业创业观，培养创新精神和创业意识，不断提高创新创业就业能力，为顺利走向社会、胜任岗位职责、实现可持续发展打下扎实的基础是本书编写的基本理念。

基于以上理念，教材内容打破传统理论体系，遵循教育认知规律，符合科学逻辑体系，提取关键知识要素，无缝衔接活动任务，以活动引领知识和内容，学生通过逐步完成活动来主动获取知识，从而实现三维目标。

本教材将活动导航、任务设计、团队分工、任务完成、知识点拨、任务评价、拓展训练等环节设计到活动单元中。每个教学任务都以活动任务为引领，为学生提供相关的理论知识。学生在活动任务完成的过程中自主搜集、研究、深入学习相关知识，将被动的教师传授转化为学生必须主动学习才能完成任务的学习过程，从而实现“要我学”向“我要学”的转变，在“做中学”“玩中学”“创中学”的学习过程中更加深刻地获得学习体验。每次活动任务完成后均进行多元多主体过程评价，从而实现更加客观、科学的学习效果评价。

本教材具有立足中职学生学习现状，具有理念新、环节设计新、评价标准全面客观等特点，适合广大中等职业学校使用。本教材由山东省潍坊商业学校赵金英、孙艳丽、范守才担任主编，张萍、李宇晴、顾爽担任副主编，宋夕东和刘传彬参与了编写，教育部万人计划教学名师毛艳丽担任教材主审。上述人员均长期从事中职就业与创业教育，具有丰富的创业教育理论和实践经验，在教材编写过程中查阅了大量书籍资料。由于时间仓促，难免存在不妥之处，希望使用教材各教学单位和读者及时提出修改意见和建议，以便再版修订时及时改正。

编 者

目录

CONTENTS

主题活动一

走进人才大市场——就业认知

活动导航

职校学生都希望在毕业后获得一份理想的职业，但面对竞争激烈且有限的就业岗位以及强大的竞争对手，久居校园象牙塔的职校学生需要正确认识自己，树立正确的就业观，切实了解市场对人才质量的需求，切身感受人才市场的激烈竞争。为顺利实现“学校人”到“职业人”的身份转变，做好初入职场的心理准备，走进人才大市场，感受就业真现实，对即将毕业的职校学生来说非常有必要。

本次活动基于以上需求，设计“走进人才大市场——就业认知”活动课，让学生亲身体会不同职业、不同岗对能力的不同要求，矫正不切实际的就业观，客观理性面对职业选择。

任务设计

活动主题：走进人才大市场　认知就业真现实

活动地点：就近的人才交流市场、校园招聘会现场

活动介绍

本活动是一个校外人才招聘市场的就业认知体验活动，老师带领同学们走进人才大市场，引领同学们认知企业类型，认知企业招聘人才的标准和要求，认知所学专业在人才市场的需求度，认知自己所学与企业所需的差异，从而正确认识毕业将面临的职业、岗位，正确认识自身知识与能力的不足，矫正偏差的就业意识，树立正确的职业观、价值观，在有限的在校期间努力学习，取长补短，提升专业与技能短板，以便尽快适应岗位需求，成为一名合格的毕业生。

学习目标

1. 认知企业的类型，了解未来市场行业发展的大体趋势。

2. 认知企业的工作岗位，分析所学专业与企业工作岗位的匹配度。

3. 认知自己所学专业知识和技能，对比企业用人标准，寻找差距，激发学习动力，珍惜学习时光。

准备工作

1. 学生通过查找网络资源，对国家各行各业的发展趋势以及所学专业的发展趋势进行网络调研，形成初步认知。

2. 做好班级学生的小组分工、职责划分和任务分配。

3. 提前设计小组体验活动任务书，准备好评价表及笔、笔记本等文具。

4. 做好体验活动的安全教育工作。

时间计划

1. 教师讲解活动注意事项和任务要求。（10分钟）

2. 教师带队集体行动，引领同学们初步认知人才市场的企业类型、用人要求和专业技能标准。（30分钟）

3. 团队分小组分别根据任务布置和学习目标进行调研。（60分钟）

4. 访谈1～2名招聘单位企业负责人，认真记录访谈笔录。（30分钟）

5. 小组成员汇集、讨论活动体验的收获，交流心得。（20分钟）

表1－1　活动任务书

任务名称		小组名称	
活动日期		活动地点	人才交流市场、校园招聘会现场
小组成员		指导教师/被调查人	
课前任务及完成情况	（此处可记录、可张贴） 联系人才交流市场的负责人及负责学校校园招聘会的领导，确定访谈时间和地点。		

（续表）

课中活动过程	（一）本次活动的注意事项（由教师和组长在布置活动任务前填写） （二）任务要求 1. 预习知识点拨相关知识，初步认知就业择业。 2. 到校外人才交流市场或校园人才招聘会实地调研。 3. 访谈1～2位人才交流市场或校园招聘会的负责人。 4. 访谈多位本专业求职人员了解其求职经历。 5. 小组讨论、总结、研究分析实践活动的收获和体验。 （三）任务解决方案 1. 解决方法：调研法、访谈法。 2. 解决过程： （1）制作调研访谈提纲。 （2）按时到达调研访谈地点。 （3）开始调研访谈。 （4）调研访谈记录整理。 （5）小组总结汇报要点。
活动成果	知识收获： 能力收获： 情感素质收获：
课后反思及活动剪影	

团队分工

1. 班级成员按人数分配，按照“七巧板”游戏方式组成团队，每组5～7人。

2. 选定组长，组长轮值，负责指挥小组整个活动流程，与老师进行细节协调。

3. 选定小组记录员，负责填写小组活动评价表，并记录经民主测评后的小组成员表现计分。

4. 其他成员服从指挥，听从安排，按要求完成任务。

任务完成

1. 根据活动体验，团队成员开展小组讨论，交流活动收获及心得，发表各自观点。

2. 小组成员完成活动调研报告。

3. 小组记录员与教师完成团队活动评价表和小组成员评价表。

知识点拨

一、我国就业形势的基本特征

就业是民生之本，特别是在当前我国经济增速放缓、结构优化调整、新旧动能转换的关键时期，就业的“稳定器”作用显得更加重要。在党中央、国务院坚持实施就业优先战略和积极就业政策的有力支撑下，我国整体就业形势延续稳定向好势头。但也应注意到，就业领域存在的一些区域性、结构性和体制性问题仍比较突出，对实现高质量就业将产生不利影响。

（一）就业整体形势延续稳定向好

2018年以来，尽管面临来自中美贸易摩擦不断升级的外部竞争压力和国内经济结构调整、环保要求趋严以及金融市场波动加大等内部环境压力，我国就业形势整体仍呈现稳定向好的态势。从就业人数看，前三季度，我国城镇新增就业1 107万人，同比增加10万人，提前一个季度完成了全年目标任务；城镇失业人员再就业430万人，就业困难人员就业136万人，同比均增加3万人。从失业情况看，1～9月，全国城镇调查失业率和31个城市城镇调查失业率始终保持在5.1%以下的较低水平，低于5.5%的年度调控目标；6～9月，全国主要就业群体25～59岁人口调查失业率维持在4.3%～4.4%的区间小幅波动；三季度末，全国登记失业率为3.82%，同比下降0.13个百分点，降至多年来低位。

（二）服务业吸纳就业能力不断增强

2017年，我国服务业就业人员比重达到44.9%，高于第二产业16.8个百分点。2018年前三季度，全国服务业增加值同比增长7.7%，增速保持在较高水平，对经济增长的贡献率达到60.8%，同比提高1.8个百分点。服务业的平稳较快发展对保持就业稳定发挥了重要贡献。从服务业内部看，信息传输软件和信息技术服务业、水利环境和公共设施管理业、教育、卫生和社会工作、文化体育和娱乐业等新兴服务业就业人员数量同比增速居前。随着网店、微商、网购快递等网络创业就业新业态的不断涌现，服务业对就业的吸纳能力进一步增强。

（三）创业创新成为就业增长重要源泉

近年来，国务院和各级地方政府积极推进“大众创业、万众创新”，努力搭建创业创新平台，不断完善创业创新支持政策，持续做好创业创新公共服务，催生出一大批新的市场主体，日益成为我国创新发展和扩大就业的重要支撑。2018年前三季度，我国新登记注册的企业超过500万户，日均新登记企业超过1.8万户。数据显示，平均每个企业或者项目的从业人员为8.44人，创业对于就业的拉动作用明显，已经成为稳定就业的“蓄水池”。

（四）高技能人才短缺的结构性矛盾突出

近年来，我国技术工人的求人倍率一直保持在1.5以上，高级技工的求人倍率甚至达到2以上的水平。截至2017年底，高技能人才只有4 791万人，仅占全部就业人员的6%左右。随着技术革命和产业变革对劳动力素质提出更高要求，未来高技能人才不足的结构性矛盾将进一步凸显。据教育相关部门测算，到2025年，我国新一代信息技术等十大制造业重点领域人才缺口将超过2 900万人。

（五）就业梯度转移带来新“招工难”问题

2018年三季度末，我国农村外出务工劳动力18 135万人，同比仅增长0.9%，增速维持在较低水平。从就业区域结构看，随着经济社会发展水平提高和产业梯度转移，中西部地区的本地企业用工需求上升，纷纷提高工资待遇和福利水平，吸引了许多以前外出到东部省份的农民工回流到当地就业，中西部地区逐渐成为拉动新增就业的主力。但就业的梯度转移也带来了东部一些省份一线普通工人的新“招工难”问题，部分地区出现了企业用工成本上升快、人员流动性大等现象。

（六）淘汰落后产能地区和沿海外贸省份失业风险较大

2016年以来，随着钢铁、煤炭等行业“去产能”工作实质性启动，这些行业的隐性失业逐渐显性化，就业压力显著增加。对于沿海外贸省份而言，对企业发展影响最大的就是中美贸易摩擦的不断升级。但随着贸易摩擦的深入，企业新订单量减少，随之而来的企业开工率不足、利润下滑甚至裁员等现象，给这些地区的人员就业带来较大压力。

（七）居民收入增长乏力可能引发新失业问题

总消费是总收入的函数。扩大消费的关键是要稳定就业、增加收入，这样才能为经济增长提供稳定支撑。尽管从总体上看，2018年前三季度全国居民人均可支配收入实际增长6.6%，与经济增长基本同步，但是，城镇居民人均可支配收入实际仅增长5.7%，低于同期GDP增速1个百分点。消费增长的乏力势必拖累未来经济增长，进而引发新的失业问题。

二、影响我国就业的主要因素分析及就业趋势展望

预计2019年，世界经济持续复苏，但动能有所减弱，国内经济稳定运行的基础尚不稳固，产业转型与淘汰落后产能继续深入推进，生育政策调整对劳动力供给影响有限，科技革命将创造更多新增就业机会，就业创业政策红利将不断得到释放，以上这些因素都将深刻影响未来我国的就业形势。

（一）世界经济持续复苏，但动能有所减弱

2017年以来，在全球贸易增长的带动下，世界经济整体运行逐步改善，结构调整步伐加快，新一轮产业革命蓄势待发，制造业发展迈向更高水平。然而，发达经济体普遍存在的人口老龄化和生产率增速低迷问题仍将制约经济增长；美联储加息步伐加快，欧日等国量化宽松政策也将转向，全球宏观政策取向趋于正常化，“刺激政策”带来的增长动力减弱；新兴经济体劳动生产率和投资增长放缓，结构性改革难以短期见效，叠加美联储加息、缩表可能引发的资本外逃和金融市场动荡影响，经济复苏势头将削弱。同时，全球技术转移滞后、国际投资低迷、贸易摩擦增多、全球化停滞甚至倒退、竞争性减税行为增多、金融风险外溢性增强、地缘政治局势复杂化和恐怖主义问题等因素也将拖累全球经济复苏进程。

（二）国内经济稳定运行的基础尚不稳固

当前，我国经济运行总体平稳，产业结构持续优化，新动能加快成长。然而，我国经济运行中面临的一些深层次问题也不容忽视。一是中美贸易摩擦升级成为影响国内经济稳定运行的最大不确定性因素，美对我贸易保护主义行为呈现高频化趋势，相关行业的稳岗、就业压力有所上升。二是受美联储加息、主要国家货币政策溢出效应以及国内去杠杆、严监管等多重因素的影响，我国股市、债市、汇市出现了较大幅度的波动，金融市场动荡风险加剧。三是受防范和化解地方政府隐性债务、严格控制和规范地方政府举债、清理规范公私合营模式项目等因素影响，基建投资增速大幅放缓，投资“稳增长”的作用弱化。四是在中美贸易摩擦升温、国内要素成本上涨、税费和社保负担较重、环保约束日趋严格等内外部因素叠加作用下，企业家信心和预期转差，企业实际经营面临较大困难。

（三）产业转型与淘汰落后产能继续深入推进

在未来较长一段时期，我国都要面临产业转型升级与淘汰落后产能问题，传统的制造业、工业部门逐渐衰落，取而代之的是新兴的生产性和生活性服务业。虽然服务业的发展能创造更多的就业机会，但服务业劳动生产率的提高慢于制造业，由此带来

的经济增长率下降将反过来制约就业的增长。与此同时，在产业转型升级中，落后产能的淘汰不可能一蹴而就，而替代产业的发展也不能在短期内创造足够的工作岗位吸纳过剩的劳动力，如果不能妥善解决好这些人员的就业安置问题，将可能引发社会问题。如果考虑到围绕这些产业链服务的就业人员，实际需要转岗就业的人数将会更多。

（四）生育政策调整对劳动力供给影响有限

近几年，我国劳动年龄人口数量和比例持续下降。2017年，15～59岁适龄劳动人口同比上年减少607万人，所占人口比例进一步降至65.9%，分别连续第六年和第七年出现下降。适龄劳动人口的下降造成了我国就业总人口增速的放缓，而作为要素投入的劳动力数量的减少将导致我国未来潜在经济增长水平的下降，反过来制约就业的增长。虽然自2016年初我国已经开始实施“全面两孩”政策，但受妇女劳动参与率提高、生育观念转变和抚养孩子成本上升等影响，政策效果有限。

（五）科技革命将创造更多新增就业机会

在我国，随着移动互联网的普及和创新，“互联网＋传统行业”的发展模式在各领域持续发酵，以网上购物、共享单车、同城跑腿等平台为代表的新兴业态如“雨后春笋”般兴起。网络创业开拓了就业的新领域，极大地发挥了创业带动的就业效应，为我国在经济转型过程中解决了许多新增劳动力的就业需求。可以预见，未来随着科学技术的进一步发展和新就业形态的不断涌现，“就业难”问题将得到逐步缓解。

（六）就业创业政策红利将不断得到释放

为了更好地促进就业创业，各大部委和各级地方政府密切协作，出台了一系列积极举措。在推进就业与经济社会发展良性互动方面，国家发展改革委等17个部门联合发布《关于大力发展实体经济积极稳定和促进就业的指导意见》，将加快建设实体经济与人力资源协同发展的产业体系，大力发展实体经济，着力稳定和促进就业。在挖掘就业新动能潜力方面，国务院印发《关于推动创新创业高质量发展打造“双创”升级版的意见》，意见提出通过打造“双创”升级版，提升创业带动就业能力，为加快培育发展新动能、实现更充分就业和经济高质量发展提供坚实保障。

三、2019年我国就业趋势与指标预测

综合分析上述因素，预计2019年，受宏观经济增速温和回落、就业结构持续优化等因素影响，我国城镇新增就业人数将保持基本稳定，全年新增就业人数在1 360万人左右；在国家就业创业政策的不断出台落实、新就业形态不断涌现等因素作用下，失业率将继续维持在较低水平，登记失业率保持在4%左右，调查失业率维持在5%上下；受人口自然增长率持续降低、生育政策调整影响有限等因素影响，适龄劳动人口比例在64.5%左右，劳动力市场继续保持宽松状态，求人倍率保持在1.2左右的较高水平。

而受累于产能过剩化解、环保压力增强、贸易摩擦升温、体制机制障碍等因素影响，部分地区和人群仍将面临较为突出的失业问题。

任务评价

表1-2 “七巧板”团队合作评价表

学校：________ 班级：_______ 小组：_________ 时间：_________

<table>
<tr><td>小组名称</td><td colspan="4"></td></tr>
<tr><td>组长</td><td></td><td>组员</td><td colspan="2"></td></tr>
<tr><td>活动起止时间</td><td></td><td>指导老师</td><td colspan="2"></td></tr>
<tr><td rowspan="5">组长的管理沟通能力</td><td rowspan="2">1. 组长能积极地为小组服务。</td><td>自评</td><td>互评</td><td>师评</td></tr>
<tr><td></td><td></td><td></td></tr>
<tr><td>2. 能平均、合理地分配任务。</td><td></td><td></td><td></td></tr>
<tr><td>3. 能做好材料的收集、整理工作。</td><td></td><td></td><td></td></tr>
<tr><td>4. 能做好与老师和小组成员的沟通。</td><td></td><td></td><td></td></tr>
<tr><td rowspan="4">团队合作能力</td><td>1. 每个成员都能积极地参与小组活动。</td><td></td><td></td><td></td></tr>
<tr><td>2. 每个成员都有自己明确的任务，并能认真地完成任务。</td><td></td><td></td><td></td></tr>
<tr><td>3. 小组成员间能认真倾听，互助互学。</td><td></td><td></td><td></td></tr>
<tr><td>4. 小组合作氛围愉快，合作效果好。</td><td></td><td></td><td></td></tr>
<tr><td colspan="5">小组活动中遇到哪些困难？怎样克服？（要求填写具体的事情和详细的解决办法）</td></tr>
<tr><td colspan="5">小组活动中谁在观察、记录、分析、讨论、总结方面表现最突出？他（她）的具体表现有哪些？</td></tr>
<tr><td colspan="5">小组活动中存在哪些不足（比如观察、记录、分析等）？怎样改进？</td></tr>
</table>

表1-3　学生评价表

班级：________ 小组：__________ 时间：___________ 姓名：__________

评　价　内　容		自评	互评	师评
参与态度	1. 认真参加活动，对活动始终保持深厚的兴趣。	☆	☆	☆
	2. 能积极学习各种电脑、网络知识，能利用网络与他人进行交流。	☆	☆	☆
	3. 能发挥自身的优势为团队提供必不可少的帮助，努力完成自己承担的任务。	☆	☆	☆
协作精神	4. 能积极配合小组开展活动，服从安排。	☆	☆	☆
	5. 能积极地与组内、组间成员交互讨论，能完整、清晰地表达想法，尊重他人的意见和成果。	☆	☆	☆
	6. 在活动中，能与大家互相学习和帮助，促进共同进步。	☆	☆	☆
创新和实践	7. 有浓厚的好奇心和探索欲望。	☆	☆	☆
	8. 在团队遇到问题时，积极思考，能提出合理的解决方法。	☆	☆	☆
	9. 活动中，能发挥个性特长，施展才能。	☆	☆	☆
能力提高	10. 活动中，能运用多种渠道收集信息。	☆	☆	☆
	11. 在活动中遇到问题不退缩，并能自己想办法解决。	☆	☆	☆
	12. 与他人交往沟通的能力得到提升。	☆	☆	☆
总体体会	我的收获是：			
	我的感受是：			
	我还需努力的是：			

A 等，五颗☆；B 等，四颗☆；C 等，三颗☆；D 等，二颗☆及以下。

拓展训练

生死关头谁先走

一次海洋旅行中，我们所乘坐的“爱之船”因为遇到大风浪即将沉没，在波涛汹涌的大海上，我们等待救援，而船上的救生艇只有一艘，且只能坐5个人，在救援未到时，只有先做抉择选出其中5个人搭乘救生艇，其余的人只能再等待机会，也可能就此消失在茫茫的大海中……

共有15人搭乘此船，包括你自己，你觉得谁是应该首先被救的人呢？如果在30分钟内达不成一致意见，船将沉没，所有人将葬身海底！

表1–4　拓展训练一

人 物 简 介	被救理由	优先顺序
自己：（请自述）		
医生：男，30岁未婚，是外科手术的权威		
企业家：男，40岁已婚，白手起家，在企业界有卓越表现		
大学教授：男，35岁已婚，认真，有说服力，是学术界的精英		
中国小姐：女，18岁未婚，即将参加世界小姐选拔，代表我国参加亲善活动		
演员：男，33岁未婚，金马奖得主，有心提升电影品质		
运动员：男，22岁未婚，国家全力栽培，有望参加奥运会		
工厂厂长：男，45岁已婚，本年度绩优厂长，即将调任总经理		
小学老师：女，40岁已婚，从事教育工作20年，对课程改革有贡献		
电脑工程师：男，25岁未婚，在电脑方面表现杰出，是一位科技新秀		
秘书：女，28岁未婚，语言能力强，工作认真负责		
上校：男，50岁已婚，在军事决策上有重大影响力		
营销高手：女，32岁未婚，推销能力强，且热心为社会服务		
儿童：女，8岁小学二年级，小学教师的女儿，智商140，有音乐天赋		
政府人员：男，36岁已婚，在城市发展规划部门，有影响力		

活动目的：此活动目的在于锻炼学生的沟通能力、协调能力及认知职业的能力，加强学生的表达和总结能力。

主题活动二

简历，求职的敲门砖

活动导航

简历是招聘者招聘的开端，也是求职者应聘的起点，是连接求职者与招聘方的第一道桥梁。每一个求职者都渴望自己的简历能够吸引招聘者的目光，带给自己进入面试的机会。简历，是敲开应聘大门的第一块敲门砖，简历制作的水准，直接关系到求职成功率的高低。在就业竞争如此激烈的形势下，能制作出一份精美成功的简历，是打赢求职应聘之战的第一步。

本次活动基于以上目标，设计简历制作活动课，引导学生分析简历的主要结构，了解简历的排版模式，掌握简历内容的展现方式和表达方式，掌握如何结合岗位要求在简历中展现“人岗匹配”，帮助学生设计一份属于自己的精美简历。

任务设计

活动主题：制作精美简历　敲开职场人生

活动地点：校外拓展训练基地或企业

活动介绍

本活动通过简历制作、企业访谈等方法完成就业准备的首要环节。学生通过查阅书籍、网络资料等了解简历的类型，掌握简历的排版方式、主要结构、关键内容；通过运用 Word、Excel 等办公软件制作求职简历；通过企业招聘者访谈，了解企业人力资源经理（HR）如何筛选简历以及什么样的简历最吸引眼球。

学习目标

1. 了解简历的类型，选择恰当的类型设计自己的简历模板。

2. 掌握运用 Word、Excel、WPS 等办公软件制作简历的方法。

3. 掌握简历排版的方法，能恰当地对个人简历进行排版。

4. 掌握简历内容的表达方式，做到条理清晰，重点突出。

5. 能理解 HR 在筛选简历时的关注点。

准备工作

1. 学生通过查阅书籍、网络资源等途径，对简历的类型、简历制作的要点有所认知，完成一份个人简历。

2. 教师准备好优秀简历，作为学生制作简历的参考。

3. 做好班级学生的小组分工、职责划分和任务分配。

4. 提前准备好小组体验活动任务表和评价表，准备笔、笔记本等文具。

5. 做好体验活动的安全教育工作。

时间计划

1. 教师展示优秀简历，讲解活动注意事项和任务要求。（5分钟）

2. 团队分小组开展简历制作评比，每小组评选出一份最佳作品。（25分钟）

3. 访谈1～2名招聘单位企业 HR，调查企业在简历筛选时如何甄选优秀简历，并将自己设计的简历交由 HR 进行评价，认真记录访谈笔录。（30分钟）

4. 小组讨论，如何根据 HR 的建议修改完善个人简历。（20分钟）

5. 小组成员汇集、讨论活动体验的收获，交流心得。（10分钟）

表2–1　活动任务书

<table>
<tr><td>任务名称</td><td colspan="2"></td><td>小组名称</td><td></td></tr>
<tr><td>活动日期</td><td colspan="2"></td><td>活动地点</td><td>校外拓展训练基地或企业</td></tr>
<tr><td>小组成员</td><td colspan="2"></td><td>指导教师 /
被调查人</td><td></td></tr>
<tr><td>课前任务及完成情况</td><td></td><td colspan="3">（此处可记录、可张贴）
1. 简历有哪些类型？

2. 简历应如何排版？在内容表达上，应注意哪些方面？

3. 张贴自己制作的个人简历。</td></tr>
</table>

（续表）

课中活动过程		（一）本次活动的注意事项（由小组组长在布置活动任务前填写） （二）任务要求 1. 以自己心仪的工作岗位为目标，制作一份个人简历。 2. 简历排版美观大方，简洁清晰，语言表述能展现个人能力。 3. 能根据岗位的不同，调整简历的内容及表现方式。 （三）任务解决方案 1. 解决方法：自主探究法。 2. 解决过程： （1）根据课前搜集的简历模板和老师提供的优秀简历，制作一份个人简历。 （2）小组评选出一份最佳简历，并携带该简历参加访谈活动。 （3）按时到达访谈地点。 （4）访谈 HR 在筛选简历时从哪些方面考察简历的好坏。 （4）记录考察要点。 （5）出示小组优秀简历，由 HR 点评需要修改完善之处。 （6）小组合作，按照修改建议进行修改。 （7）全班评选最佳简历作为制作简历的参考。 （8）每个人根据最佳简历，修改完善个人简历。
活动成果		知识收获： 能力收获： 情感素质收获：
课后反思及活动剪影		

团队分工

1. 班级成员按人数分配，按照七巧板游戏方式组成团队，每组5人。

2. 选定组长，组长轮值，负责指挥小组整个活动流程，与老师进行细节协调。

3. 选定小组记录员，负责填写小组活动评价表，并记录经民主测评后的小组成员表现计分。

4. 其他成员服从指挥，听从安排，按要求完成任务。

任务完成

1. 根据活动体验，团队成员开展小组讨论，交流活动收获及心得，发表各自观点。

2. 小组成员完成活动调研报告。

3. 小组记录员与教师完成团队活动评价表和小组成员评价表。

知识点拨

一、简历的基本构成

简历是一种常见的半结构化文体，是求职者向招聘者介绍自身基本信息和过去经历的重要载体。简历一般由基本信息、求职意向、教育背景、实习经验、项目经验、获奖经历、自我评价等部分组成。

基本信息包括姓名、性别、出生地、民族、联系电话、邮箱地址等内容。教育背景应按时间顺序列出从初中至最高学历的所读学校、专业，也可包含曾参加的各种专业知识和技能培训。实习经验部分应按时间顺序列出自己的实习起止时间、实习单位、担任职务、工作性质等，应突出所任每个职位的工作职责。项目经验部分应明确列出项目时间、所在单位、项目名称、所在地点、担任的职责以及在项目中所承担的工作及完成的情况，是否得到项目合作方的肯定与表扬等。自我评价部分旨在突出个人特长，给对方增加良好印象，可以描述个人在学校的表现情况，而且最好用数据说话，展现亮点。针对不同的工作岗位、不同的公司，简历中每一模块的内容表述都应做相应的调整，不要贪图省事而全部千篇一律或照搬照抄。

二、简历制作的建议

1. 排版。有些人喜欢用复杂的版式和详尽的内容来包装自己的简历，可是效果却大打折扣，把自己的闪光点埋没在过于复杂的排版中。简历应突出“简”字，排版贵在简洁清晰，一目了然，采用表格的形式呈现是个不错的选择。

2. 篇幅。应届毕业生的简历长度以1～2页为宜，切忌长篇累牍，缺少重点。

基本资料

姓名:　　　　　　　　　　　　　　　邮箱:
性别:　　　　　　　　　　　　　　　年龄:
学历:　　　　　　　　　　　　　　　毕业院校:
电话:　　　　　　　　　　　　　　　薪资要求:

教育经历

××学院学前教育　　　　大专　　学前教育
所学课程：幼儿教育学听话与说话、幼儿园活动设计、乐理、视唱练耳、美术、琴法、舞蹈、语文、政治、幼儿心理学、卫生学，熟练掌握幼儿教育的理论知识及专业技能；熟练运用口语进行全英文授课。

工作经历

××市机关幼儿园（民营企业）　　　工作职位：幼儿教师
工作描述：一滴水就是一片海洋，一个孩子就是一个世界。陶行知先生曾说："教人要从小教起。幼儿比如幼苗，培养得宜，方能发芽滋长。"我努力使自己从一个"实践型"教师转变为一名"反思型"教师，重视观察孩子、学会解读孩子的一言一行。作为一名班主任，一方面承担着教学任务，另一方面又是班集体的组织者和管理者，这种工作的双重角色有利于我自觉地履行"教书育人"的重任。

××市××小学（民营企业）　　　工作职位：班主任
工作描述：关爱每个幼儿，为幼儿提供健康成长的平台。教育需要爱，也要培养爱。实施课程中，我以幼儿发展为本，经常倾听幼儿的需求、情感、想法，了解幼儿的"一百种语言"，走进幼儿的心灵，支持、关心、爱护、尊重、接纳每一个幼儿，以公平的态度对待每一个幼儿，给每一个幼儿同样的发展机会，鼓励幼儿主动、积极参与各项活动，始终做幼儿活动的引导者、鼓励者、合作者，使幼儿身心和谐发展。

自我评价

有责任心、有爱心、有亲和力，身心健康，性格外向，普通话标准，相关工作经验丰富，擅长舞蹈。重视自身学习，热爱幼教工作。
思想上积极要求进步，为人诚恳老实，性格开朗善于交际，能吃苦耐劳，有良好的亲和力，有耐性；工作上有较强的组织管理和实践能力，集体观念强，具有团队协作精神和创新意识。
如有幸被录用，定当尽职尽责，不负所望。

图2-1　简历的构成

3. 重点突出。制作简历时究竟应选择哪部分作为重点进行突显，一般首要考虑所应聘的单位、部门、岗位的性质，有针对性地选取个人履历中与岗位要求相关的部分在个人简历上进行重点呈现；或者可以将个人特别突出的闪光点进行放大凸显，前提是与所应聘职位的要求无相违逆之处；实践经历是招聘者普遍关注的内容部分，可着重对这一部分内容进行加工和呈现。这也意味着，学生在校阶段便应重视个人的职业生涯规划，以便于有针对性地进行社会实践和实习选择。

至于如何突出重点内容部分，一方面可将想要突出的重点内容置于紧邻个人基本情况的最靠上部位置，便于优势内容获得最大程度的关注而不被遗漏；另一方面辅以事实或数字的论据为支撑；此外，通过格式设置使内容呈现得明晰美观也是必不可少的加分点。

4. 注重积累。个人简历的制作是一门将个人的生活、学习、工作经历加以有效呈现的艺术，但其根本还是在于经历的过程与结果。皮之不存，毛将焉附，如果没有用心去经营自己的学生时代、努力让自身去经历和成长，仅靠简历制作的技巧恐怕是不够的。

三、如何达到好的排版效果

求职者参与的实践活动和经历是最能预测其未来表现的指标。有研究发现，相较于简历中的“个人能力”“获奖情况”，简历内容成分中的“实践经历”部分是简历筛选过程中受关注程度最高的。因此，在排版时应将此部分内容放在最佳位置。那么，简历中什么位置是最佳位置呢？

简历文本信息在页面的布局位置中，越靠上越有利于获得注意。除了通常布局在页面顶部及中上部的个人基本情况，从得到关注的位置来说，页面中部是最佳的空间位置。这与人们通常的视觉浏览习惯有关，人们在观看一个页面时，通常采取自上而下的浏览顺序，且随着部位的下降，获得注意的深度和时间都呈下降趋势。

求职者要结合求职岗位，分析 HR 感兴趣的内容，并将其置于显著的空间位置。研究发现，如此排版的求职者获得通过筛选进入面试的概率远高于将最佳内容放置在其他空间位置或将其他文本信息内容置于最佳空间位置的求职者通过概率。

四、简历内容的表述方式

简历排版精美，更应注重内涵，简历的每一个部分，都应该用恰当的语言、数据去表达，才能吸引招聘者的眼球。

（一）个人信息部分

姓名最好用放大的字号，醒目突出，容易给人留下印象。联系方式列出最常用的一个即可。电话号码最好采用3-4-4分段的书写结构，E-mail 尽量使用比较正式的账号，不用特殊字符或奇怪名称的邮箱账号作为联系方式。

（二）教育经历部分

最好采用倒叙的方式，从最高学历往下排列，逐一列出。一般企业在招聘时会列出学历要求，如大专及以上、本科及以上等；若招聘单位对学历方面无特别要求，可根据情况简述教育背景、主修课程等，内容简明扼要，避免篇幅过长。

（三）实习经验部分

该部分既然是招聘者重点关注的部分，在表述时应格外注意，要清晰明了、重点突出。实习经历应按照倒叙的方式进行描述，写明实习的起止时间、实习单位、担任职务、工作职责以及具体的岗位内容，还应列出实习期间取得的业绩，尤其是个人业绩，最好给出具体的数字。如果实习经历较多，可以逐一介绍，但一定要注意重点描述与所应聘岗位相关的经历；如果没有什么实习经历，也不要胡编乱造或者把无关的经历填充其中，可以把相关社团经验写入该部分。在描述时，不一定非要写社团名字和担任职务，可以写在社团里做的事情，把完成的事情按照发生的顺序拆解成多个步骤，体现自己的个人优势。

（四）项目经历部分

招聘者有时会需要求职者有相关项目经验，这就需要写出参与过的主要项目，以及在项目中扮演的角色和所负责的工作。比如，计算机专业的同学，可以描述开发过什么程序、设计过什么软件；设计类专业的同学，可以描述设计过什么作品，获得了什么效果。应届毕业生没有项目经历的情况下，可以描述论文、毕业课题中的相关研究课题项目。事实上，项目经历和实习经验在表述过程中都可以运用 PAR 原则，也就是简历中应写明实习工作或项目的名称、背景、任务和工作，写出你在这段经历中的行为以及收获。比如，某求职者在项目经历部分写“参加过华联超市‘益达’口香糖销售员工作。”这种描述显得平淡无奇，难以让人看出求职者的能力。经过 PAR 原则修改后，可以描述为：

表2-2　实习经历样例

2018.5.1–5.5	玛氏箭牌	产品销售员	中国北京
（P）玛氏箭牌旗下的“益达”口香糖在北京华联超市10周年之际做短期促销活动，10人一组完成促销包的售卖工作。			
（A）首先了解销售任务，制定相应销售策略，其中包括与邻近商家协商借用喇叭、麦克风等工具扩大品牌宣传，吸引顾客注意力，增加顾客数量。			
（A）制定销售策略，带领小组成员耐心向顾客讲解促销产品的特点，直接增加产品销量。			
（R）100件“益达”口香糖促销任务于1小时完成。			

（五）自我评价部分

自我评价可以说是简历中最难完成的部分，因为容易陷入千篇一律的俗套。有人甚至因此放弃自我评价，觉得这是一块鸡肋。其实好的自我评价，是很能给个人简历加分的，也是吸引 HR 的重要部分。当几份简历看上去差不多，在工作经验和学历教育相差无几时，一份好的自我评价可以让 HR 觉得你与众不同。如果你在自我评价部分这样描述自己：

表2-3 自我评价样例

样例1：自信、乐观、沉着、责任心强，有较强的团队合作和沟通能力、较强的抗压能力和学习能力。 样例2：性格开朗，责任心强，善于组织、协调和沟通，能良好地与团队合作；有丰富的实践经验，肯吃苦，适应力强，吸收新知识快，勇于迎接新挑战。

虽然写得好像挺像那么回事儿，却十分空洞，并且这种空话套话在网上随处可见，毫无特色之处，除了增加了简历内容的字数外，并没有什么用。

正确的自我评价一定要有切实的方向，那就是紧贴岗位需求和个人实际去评价自己，切中要害。因此，这就需要你在评价之前，最好对各大企业对所应聘岗位的要求做一个全面的分析和透彻的了解。比如，在应聘网络推广员时，可以这样自我描述，"对互联网工作有极大的热情，做过4年的论坛版主；具备网络推广经验，擅长策划、数据收集和文案写作。"在体现自己能力和特点的同时，还可以提一下自己的职业目标，比如，希望在5年内，成为独立后端工程师，这会让人觉得你是个有态度、有决心、有规划的人，做事有条理、有目标。

五、简历投递的注意事项

精心制作好简历以后，就要开始投递简历了。简历投递是网申中的必经环节，有的时候，不是你的简历不合适，而是选择错了投递方式，如果投递简历方式不正确，可能招聘者连看到简历的机会都没有。因此，在该环节应该注意以下几个方面：

（一）简历发送形式

查看招聘信息中对简历投递的要求，如果没有注明，那么首先查看接收简历的E-mail邮箱类型，如果是公司系统邮箱，则采用正文发送简历。

（二）求职者的邮箱

用自己的长期通用私人邮箱，邮件标题常用的格式是：应聘的职位＋自己的姓名＋工作地点。信息越明确越容易被点开，不要用QQ昵称作为邮箱名。

（三）不要群发简历

不同的公司，不同的岗位，不能千篇一律撞运气，一般也不要向同一家公司投递多个职位，尤其是不相近的职位。

任务评价

表2-4 “七巧板”团队合作评价表

学校：________ 班级：_______ 小组：_________ 时间：_________

<table>
<tr><td>小组名称</td><td colspan="5"></td></tr>
<tr><td>组长</td><td></td><td>组员</td><td colspan="3"></td></tr>
<tr><td>活动起止时间</td><td>指导老师</td><td colspan="4"></td></tr>
<tr><td rowspan="4">组长的管理沟通能力</td><td>1. 组长能积极地为小组服务。</td><td>自评</td><td>互评</td><td>师评</td></tr>
<tr><td>2. 能平均、合理地分配任务。</td><td></td><td></td><td></td></tr>
<tr><td>3. 能做好材料的收集、整理工作。</td><td></td><td></td><td></td></tr>
<tr><td>4. 能做好与老师和小组成员的沟通。</td><td></td><td></td><td></td></tr>
<tr><td rowspan="4">团队合作能力</td><td>1. 每个成员都能积极地参与小组活动。</td><td></td><td></td><td></td></tr>
<tr><td>2. 每个成员都有自己明确的任务，并能认真地完成任务。</td><td></td><td></td><td></td></tr>
<tr><td>3. 小组成员间能认真倾听，互助互学。</td><td></td><td></td><td></td></tr>
<tr><td>4. 小组合作氛围愉快，合作效果好。</td><td></td><td></td><td></td></tr>
<tr><td colspan="5">小组活动中遇到哪些困难，怎样克服？（要求填写具体的事情和详细的解决办法）</td></tr>
<tr><td colspan="5">小组活动中谁在观察、记录、分析、讨论、总结方面表现最突出？他（她）的具体表现有哪些？</td></tr>
<tr><td colspan="5">小组活动中存在哪些不足（比如观察、记录、分析等）？怎样改进？</td></tr>
</table>

表2-5 学生评价表

班级：_______ 小组：_________ 时间：__________ 姓名：__________

评价内容		自评	互评	师评
参与态度	1. 认真参加活动，对活动始终保持深厚的兴趣。	☆	☆	☆
	2. 能积极学习各种电脑、网络知识，能利用网络与他人进行交流。	☆	☆	☆
	3. 能发挥自身的优势为团队提供必不可少的帮助，努力完成自己承担的任务。	☆	☆	☆
协作精神	4. 能积极配合小组开展活动，服从安排。	☆	☆	☆
	5. 能积极地与组内、组间成员交互讨论，能完整、清晰地表达想法，尊重他人的意见和成果。	☆	☆	☆
	6. 在活动中，能与大家互相学习和帮助，促进共同进步。	☆	☆	☆
创新和实践	7. 有浓厚的好奇心和探索欲望。	☆	☆	☆
	8. 在团队遇到问题时，积极思考，能提出合理的解决方法。	☆	☆	☆
	9. 活动中，能发挥个性特长，施展才能。	☆	☆	☆
能力提高	10. 活动中，能运用多种渠道收集信息。	☆	☆	☆
	11. 在活动中遇到问题不退缩，并能自己想办法解决。	☆	☆	☆
	12. 与他人交往沟通的能力得到提升。	☆	☆	☆
总体体会	我的收获是：			
	我的感受是：			
	我还需努力的是：			

A 等，五颗☆；B 等，四颗☆；C 等，三颗☆；D 等，二颗☆及以下。

拓展训练

请完成以下测试题，帮助自己了解自身是否具备创业者的潜质。

表2-6　创业者的潜质调查表

序号	内　　容	是	否	得分
1	你是否为了某个理想而设计了两年以上的行动计划，并且准备按计划进行直到完成？			
2	在学习、工作中，如果没有别人的督促，你是否可以自觉地完成分派的工作？			
3	你是否喜欢独自完成自己的工作，并且做得让自己满意？			
4	你的朋友们是否常请求你的指引或征求你的建议？			
5	你有没有成功赚外快的经历？			
6	你是否能够专注地投入个人感兴趣的事情连续十小时以上？			
7	你是否有保存重要资料，以备需要时可以随时提取查阅的习惯？			
8	在平时生活中，你是否关心别人的需要并热衷于服务大家？			
9	即使不十分擅长，你也喜欢艺术、体育等一些丰富多样的活动吗？			
10	你是否曾经带领集体，完成一些集体活动并得到好评？			
11	你喜欢参与竞赛，并且看到自己表现良好吗？			
12	当你为别人工作时，发现其管理方式不当，是否会想出适当的管理方式并建议改进？			
13	当你的工作需要别人协助时，是否总能说服别人来帮助你？			
14	当储蓄到一定数额的资金时，你是否能想出好的理财计划，而不是让钱沉睡在银行里？			
15	当你要完成一项重要的工作时，是否总给自己足够时间仔细完成，决不草率？			
16	重要聚会是否从不迟到？你是否能充分运用时间？			
17	你是否有能力安排工作环境，实现有效率地专心工作？			
18	你交往的朋友中是否有较多有成就、有智慧、有眼光、有远见的人物？			
19	你在平时的生活中，是否被认为是受欢迎的人？			
20	当你需要经济支援，是否能说服别人掏钱给你？在募款时，是不是充满自信而不害羞？			
21	你是否可以为了赚钱而牺牲个人娱乐？			
22	你对自己要完成的工作有足够的责任感吗？			
23	你在工作时，是否有足够的耐心和耐力？			
24	你是否能在短时间内结交许多新朋友，而且能使新朋友对你印象深刻？			
总　　分				

计算方法：

答“是”得1分，答“否”不计分，请把统计结果填在表内。

结果说明：

参考类型分为下列几种：

A型，打工型。得分在0～5分：你目前还不太适合自己创业，可先以员工的身份培养工作的技术能力与专业能力。

B型，提升型。得分在6～10分：有一些基本的创业素质，创业失败的可能性较大，如果迫切希望创业，则要寻求一些有经验的人士指导，以减少创业的风险，增加成功的可能。

C型，补充型。得分在11～15分：比较适合自己创业，但需要分析所回答“否”的问题，需要补充所欠缺的一些创业素质。

D型，积累型。得分在16～20分：个性中的特质已经完全具备了创业的基本要求，需要选择合适的方向，积累管理经验，建议从小事业慢慢开始，不一定以现在做的事情作为未来的事业。

E型，行动型。得分在21～25分：不去创业十分遗憾。如果你不去创业一定会对上级产生威胁，甚至如果上级压制，你可能会成为一个组织的麻烦。利用这种潜能，发现机会，一旦机会到来，就会有一番大的作为。

主题活动三

面试，你做好准备了吗

活动导航

面试是求职择业的必经之路，是对求职者的仪表、学识、职业素养、综合能力等各方面素质的全面测试。企业在招聘时只看简历就录用的情况不多。通过面试来对应聘者形成一个最直观的判断是招聘者的重要手段。有些应聘者自我感觉良好，却未通过面试，而有些人看起来条件一般，却能够过关斩将。面试前的准备程度、面试技巧的把握直接影响应聘者的求职结果。面试前全方位地做好准备工作是顺利就业的关键。

本次活动基于以上目标，设计“掌握面试技巧”面试准备活动课，让学生了解面试的常见类型，做好面试前的准备，掌握面试过程中的应答技巧、面试后的注意事项，帮助学生做好就业准备。

任务设计

活动主题：掌握面试技巧　轻松赢得工作

活动地点：校外拓展训练基地或企业

活动介绍

本活动通过模拟面试、企业访谈等方法完成就业准备的关键环节之一——面试准备。学生通过查阅书籍、网络资料等了解面试的类型，掌握面试前需要做好的准备工作；通过模拟面试了解面试中常见的问题，掌握回答问题的方法，理解不同面试的考察点并掌握应对方法；通过企业访谈，了解企业 HR 如何在面试中设置考察点，以及什么样的表现更容易获得企业的青睐。

学习目标

1. 了解面试的类型，理解不同类型的面试考察的侧重点有何不同。

2. 掌握面试前应做好的准备以及面试后应注意的事项。

3. 掌握面试过程中的礼仪要点、回答问题的技巧。

4. 明确企业在面试中对求职者的考察要点，分析自身实际，寻找差距，并能制订行动计划以弥补不足。

准备工作

1. 学生通过查阅书籍、网络资源等途径，对面试的类型、面试前的准备工作，面试中的应对技巧以及面试后的注意事项，形成初步认知。

2. 做好班级学生的小组分工、职责划分和任务分配。

3. 提前设计小组体验活动任务表，准备好评价表及笔、笔记本等文具。

4. 做好体验活动的安全教育工作。

时间计划

1. 教师讲解活动注意事项和任务要求。（5 分钟）

2. 访谈 1 ~ 2 名招聘单位企业负责人，调查企业在面试中如何考察求职者，认真记录访谈笔录。（30 分钟）

3. 团队分小组开展模拟面试，小组抽签决定要模拟的面试类型。（25 分钟）

4. 小组讨论，将模拟面试中发现的问题汇总形成改进的具体方法。（20 分钟）

5. 小组成员汇集、讨论活动体验的收获，交流心得。（10 分钟）

表 3–1　活动任务书

任务名称		小组名称	
活动日期		活动地点	校外拓展训练基地或企业
小组成员		指导教师 / 被调查人	
课前任务及完成情况	（此处可记录、可张贴） 1. 面试有哪些类型？应注意哪些事项？ 2. 面试中常见的问题有哪些？		

（续表）

课中活动过程	（一）本次活动的注意事项（由小组组长在布置活动任务前填写） （二）任务要求 1. 尽可能选择与专业相关的工作岗位的 HR 作为访谈对象。 2. 尽可能详细地记录访谈过程。 3. 严肃认真地完成模拟面试活动。 （三）任务解决方案 1. 解决方法：访谈法、情景模拟法。 2. 解决过程： （1）与老师沟通，明确访谈对象、时间、地点的安排。 （2）制作 HR 访谈提纲。 （3）按时到达访谈地点。 （4）开始考察和访谈。 （4）记录考察及访谈的内容。 （5）总结汇报要点。 （6）完成情景模拟中面试者、求职者的角色分工，并按角色准备好相应的考察点、问题。 （7）严肃认真地开展模拟面试活动。 （8）详细观察面试者的表现并做好记录。 （9）集体讨论面试过程中出现的问题，并汇总解决方法。
活动成果	知识收获： 能力收获： 情感素质收获：
课后反思及活动剪影	

团队分工

1. 班级成员按人数分配，按照“七巧板”游戏方式组成团队，每组5人。

2. 选定组长，组长轮值，负责指挥小组整个活动流程，与老师进行细节协调。

3. 选定小组记录员，负责填写小组活动评价表，并记录经民主测评后的小组成员表现计分。

4. 其他成员服从指挥，听从安排，按要求完成任务。

任务完成

1. 根据活动体验，团队成员开展小组讨论，交流活动收获及心得，发表各自观点。

2. 小组成员完成活动调研报告。

3. 小组记录员与教师完成团队活动评价表和小组成员评价表。

知识点拨

一、面试的常见类型

面试是招聘方为了更好地了解应聘者的职业素质而设计的一种测试方式，交流和观察是面试的主要手段。根据面试的标准化程度，面试可以分为结构化面试、半结构化面试和非结构化面试。

（一）结构化面试

结构化面试又称标准化面试，是在对职位进行细致全面分析的基础上，针对岗位要求的要素提出一系列设计好的问题，通常以求职者的仪表仪态、语言表达、学识技能、应变能力为考察指标，根据求职者对特定情境的情绪反应和应对策略，作出量化分析和评估的一种面试方式。

结构化面试是最常见的面试方式，公平是它最大的优点。对面试者来说，统一职位的面试题目大体相同，面试官也有严格的评分标准，避免了因题目难易程度不同和考官直观印象造成的评判误差。

（二）半结构化面试

半结构化面试是一种对面试中的部分基本内容有规定，而对另外一些内容不限定的面试形式。一般面试官会在预先设计好的试题（结构化面试）的基础上，随机提出一些其他问题。比如面试规定共有5道题目，其中有3道题是规定问题，另外2道题是面试官根据具体岗位要求即兴提出的问题。

半结构化面试比结构化面试在考察求职者能力方面具有更强的灵活性。

（三）非结构化面试

非结构化面试是一种组织比较“随意”的面试方式，即不对面试的过程、要提的问题、评分的标准进行设计。面试官会在与求职者的交流中，对不同的人随机变换考查的内容，询问不同的问题。非结构化面试表面看起来更像一种非正式的交谈。

非结构化面试的优点是双方都可以在随意和轻松的氛围中进行交流。求职者在放松的状态下也更容易“暴露”自己真实的一面。缺点是因为缺乏标准化的评分指标，面试的结果并不一定客观有效。

除了以上划分方式，面试还有其他多种划分方法。比如，根据面试的对象可以分为单独面试和小组面试；根据面试的阶段可以分为一次性面试和分阶段面试（初试、复试与综合评定）；根据面试的风格可以分为压力面试和非压力面试；根据面试内容设计的重点可以分为情景模拟面试和综合性面试等。

二、面试前的准备

“台上一分钟，台下十年功。”要想把握面试的机会，在与面试官短暂的接触中获得肯定，需要在面试前做好充分的准备。取得面试的成功不但离不开平时的积累和修养，也离不开面试的方法和技巧。

在面试前，要从面试材料、仪表礼仪、面试心态等几个方面做好准备。

1. 面试资料

面试需要携带简历、身份证、学历证明、职业资格证书、获奖证书等材料。求职者应准备好文件夹，按照顺序分类存放，悉心保管。最好准备好复印件以便企业留存。自己对文件存放的位置要记牢，防止面试官要求出示资料证明时，慌乱地拿出一沓材料去翻找，给人留下做事慌张、无条理的不良印象。

此外，面试单位的具体情况，比如，具体位置、企业文化、产品种类、岗位信息等相关资料也应在面试前熟记于心，以增加求职胜算。防止面试过程中出现对企业情况一无所知，对岗位需求丝毫不懂的情况。面试公司的资料宣传架、公司的网站其实都是获取这些资料的好途径。

2. 礼仪规范

两个陌生人在首次接触时，仪容仪表是留给彼此第一印象的关键组成要素。面试前，求职者应该根据自己的肤色、脸型、体型等选择合适的发型和服饰。服装上男士尽量选择西装，女士尽量选择套裙，可以显示自己挺拔的体态。颜色上尽量与肤色相称。面试前要系统地检查自己的仪容仪表是否干净整洁，包括牙齿和指甲。另外，女生可以化简单自然的淡妆，以示尊重。

在仪态礼仪上也要做好练习准备，防止在面试过程中出现多余的小动作或者扭捏不自然。要提前练习坐姿，端正坐姿给人以积极、端庄、稳重的感觉。一般坐到椅子的1/3～2/3之间，注意不能直接靠椅背，因为靠椅背呈现的是一种休息、放松的状态，在求职过程中不应当出现。注意整个过程不能弯腰弓背，更不能跷二郎腿。坐下后，要注意双手自然摆放在腿上，切勿出现抠指甲、抓头皮、弄头发、搔痒等小动作。

3. 面试心态

面试前要做好心态的调整。获得面试机会难免兴奋激动，但也容易因此而患得患失，产生较大的心理压力。如果不及时调整，很有可能会因为面试过程中的过度紧张而让所有的辛苦准备都付诸东流。面试前要学会制订准备计划，让自己从焦虑的情绪中转移到现实的准备工作中；要学会积极的心理暗示，不断暗示自己可以做到；要学会运用深呼吸等方式分散注意力，缓解紧张感。

三、面试中常见的问题

无论是何种类型的面试，面试者都会关注求职者的知识、能力、素质。因此，面试者会通过设计不同类型的问题或者情境，来考察求职者在这几个方面是否符合要求，这就需要求职者提前对常见问题有所了解，做好回答的准备，最大限度地展现自己与岗位需求之间的匹配度。

1. 一般性问题

(1) 自我认知类

——请你介绍一下你自己。

——请说一说你最大的优点 / 缺点。

自我认知类的问题主要考察求职者对自己的了解和定位，从而判断求职者是否具备岗位所需求的素质。

建议求职者在面试前，全面梳理自己的经历，重点选择能体现自己个性特点的、可信的事例来作为回答的素材，避免流水账似地叙述自己的成长或学习经历。要充分了解应聘的岗位，包括主要职责、业务范围，从中挖掘自身符合岗位需求的点展开叙述，给面试官形成“人岗匹配”的印象。

(2) 求职动机类

——你为什么会选择我们公司？

——你的预期薪酬是怎样的？

求职动机类的问题主要考察求职者的求职目的，从而判断求职者对工作的期望和公司实际条件是否一致。

建议求职者在遇到此类题目时，要从内心深处找到真实的原因，这样才能避免面试官听到千篇一律的答案从而导致对答案“麻木”。但是真实的原因也要有选择地说，特别功利的原因，比如看重公司的福利待遇，特别实在的原因，比如找工作很难，都不建议说。尽量从专业对口、家庭需求、职业理想、兴趣所在等方面进行回答。

(3)价值观类

——你如何看待加班?

——谈一谈你的座右铭。

价值观类的问题主要考察求职者的个人价值观和道德标准。面试官通过求职者的回答了解其最看重的是什么。

建议求职者在回答时尽量选择可以体现自身成熟稳重的方面，也就是能透过问题的回答，表现出自己注重投入、勤奋，注重能力的提高和自身修养的形成。比如，对加班问题的看法，可以表示为如果公司需要加班，自己会义不容辞地参加(表现自己认为奉献比享受重要)，但是自己会尽可能地提高工作效率，减少不必要的加班(表示自己更加看重能力的提高)。

(4)职业规划类

——你考虑过创业吗?如果考虑过你打算什么时候创业?

——假如公司未来几年获得高速发展，你将如何适应工作环境的变化?

职业规划类的问题主要考察求职者的计划能力，以及了解求职者的职业规划是否与公司未来的发展方向相符。

建议求职者在面试前，尽量准备好一份有个人特色的、能够体现计划性的职业生涯规划，在创业方面的想法不要过早表达，因为对于刚毕业的学生来说，创业的难度比就业更大，需要面临资金、经验、团队等多方面的问题，如果自己的创业想法并不具体，或者根本难以实现，说出来反而会给面试官留下眼高手低、天真幼稚的印象。

(5)能力素质类

——你认为你能为公司带来什么价值?

——当你的意见与领导意见不一致时，你会怎么办?

能力素质类的问题主要考察求职者的专业素质、能力特长、知识深度与广度等，同时能够帮助面试官了解求职者是否具备胜任岗位所需的专业知识和专业技能。

回答此类问题时，要牢记谦逊的总原则，切不可盲目自吹自擂，尽量结合实际生活或社会实践经历说明自己的能力和价值。除了说明自身能力之外，要突出表现自己的学习能力和沟通能力，一个人的能力如何并不是固定不变的，会随着学习而不断累积提高。比如，和领导冲突的问题，要表示对领导尊重和信任的同时，也要证明自己会通过沟通来表达自己的建议，如果领导仍不能被说服，那么自己会执行决定，但会及时反馈执行情况。

2. 压力类问题

——你在之前的单位工作很久了，为什么不继续干了呢?

——如果我们今天没有录用你，你觉得最大的原因是什么?

压力类问题是指面试官通过设置让求职者倍感压力的问题来了解求职者的心理和

行为特点的一类问题。面试官通过犀利的提问可以了解求职者随机应变的能力，观察求职者是否在压力下会变得慌乱、沮丧，从而进一步判断求职者是否符合岗位要求。比如，第一个从原单位辞职的问题，不可以一味地说原单位让自己不满意的地方，可以告诉面试官，自己的一些优势在原单位发展遇到了瓶颈，自己想要更好地发挥才能等。

3. 情境类问题

——如果你最好的朋友告诉你，他多门考试都是通过作弊才及格（未被发现），你会怎么办呢?

——如果你在小区推销产品时，遭到了小区门卫的驱赶，你会怎样处理?

情境处理类问题主要是通过设置各种情境，给予求职者一个特定的情境或身份，要求其妥善处理突然发生或是情况复杂的各种问题和矛盾。面试官通过求职者的回答，以及对其表现的观察和记录，考查求职者的自我情绪控制能力、应变能力和组织协调能力，判断其是否适合或能够胜任所报考的职位。

情境处理类问题还可以无领导小组讨论的方式进行考察。无领导小组讨论是指由几个求职者临时组成一个工作小组，根据给定的问题情境进行讨论并做出决策的一种面试方式。但并不是发言次数多或者成为小组领导者就能得到青睐，只要把握好合适的角色，比如担任小组计时员、记录员或者组织其他成员讨论、做总结等，体现自身价值，面试都更有希望获得成功。

四、面试后的注意事项

面试并不局限在面试间或者面试的过程中，面试结束后求职者的表现也是面试官考察的内容之一。善始善终对于面试成功同样重要。做足了充分的面试准备，在面试过程中也发挥得很好，却因面试结束阶段的失误导致错过工作机会就太可惜了。面试后究竟应该注意哪些事项呢?

1. 把握退出时间

当主考官宣布面试结束时，求职者应礼貌道谢，感谢能够给予一次展现自己的机会；要及时退出面试室，可以简要总结，但是不能提过多的问题。如果还存在很多疑惑，可以事后写信或回访。不能在面试结束时拖泥带水，给面试官留下拖沓的印象。

2. 静候面试结果

面试后一般3~5天，甚至是更长的时间才能出面试结果，不要因为着急而过早打听面试结果。求职者在这段时间内一定要耐心等候消息，不可多次打电话催促或者到处打听，更不要托人刺探，急于求成往往会适得其反。

3. 学会感谢

据调查，10个求职者往往有9个人不写感谢信，而完成面试后懂得感谢这一环节的求职者，则会变得格外突出，有可能会让面试官改变主意。面试结束以后，即使对方表示不予录用，也应该用各种途径表示感谢。可以根据面试途径的不同而采用不同的致谢方式，比如，电话相约面试的，可再打一次电话感谢；邮件约定面试的，可再写一封简单热情的邮件表示感谢，从而给对方留下有始有终的好印象。

4. 做好两手准备

参加面试的结果往往是要么被录取，要么被淘汰，对此都要有所准备。在未出面试结果的一段时间里最好不要到外地旅游或出差，当必须外出时最好向招聘单位事先说明，以表示你的诚意。

任务评价

表3-2 “七巧板”团队合作评价表

学校：________ 班级：________ 小组：________ 时间：________

<table>
<tr><td>小组名称</td><td colspan="6"></td></tr>
<tr><td>组长</td><td></td><td>组员</td><td colspan="4"></td></tr>
<tr><td>活动起止时间</td><td colspan="2"></td><td>指导老师</td><td colspan="3"></td></tr>
<tr><td rowspan="5">组长的管理沟通能力</td><td colspan="3" rowspan="2">1. 组长能积极地为小组服务。</td><td>自评</td><td>互评</td><td>师评</td></tr>
<tr><td></td><td></td><td></td></tr>
<tr><td colspan="3">2. 能平均、合理地分配任务。</td><td></td><td></td><td></td></tr>
<tr><td colspan="3">3. 能做好材料的收集、整理工作。</td><td></td><td></td><td></td></tr>
<tr><td colspan="3">4. 能做好与老师和小组成员的沟通。</td><td></td><td></td><td></td></tr>
<tr><td rowspan="4">团队合作能力</td><td colspan="3">1. 每个成员都能积极地参与小组活动。</td><td></td><td></td><td></td></tr>
<tr><td colspan="3">2. 每个成员都有自己明确的任务，并能认真地完成任务。</td><td></td><td></td><td></td></tr>
<tr><td colspan="3">3. 小组成员间能认真倾听，互助互学。</td><td></td><td></td><td></td></tr>
<tr><td colspan="3">4. 小组合作氛围愉快，合作效果好。</td><td></td><td></td><td></td></tr>
<tr><td colspan="7">小组活动中遇到哪些困难，怎样克服？（要求填写具体的事情和详细的解决办法）</td></tr>
<tr><td colspan="7">小组活动中谁在观察、记录、分析、讨论、总结方面表现最突出？他（她）的具体表现有哪些？</td></tr>
<tr><td colspan="7">小组活动中存在哪些不足（比如观察、记录、分析等）？怎样改进？</td></tr>
</table>

表3-3 学生评价表

班级：________ 小组：__________ 时间：___________ 姓名：___________

评价内容		自评	互评	师评
参与态度	1. 认真参加活动，对活动始终保持深厚的兴趣。	☆	☆	☆
	2. 能积极学习各种电脑、网络知识，能利用网络与他人进行交流。	☆	☆	☆
	3. 能发挥自身的优势为团队提供必不可少的帮助，努力完成自己承担的任务。	☆	☆	☆
协作精神	4. 能积极配合小组开展活动，服从安排。	☆	☆	☆
	5. 能积极地与组内、组间成员交互讨论，能完整、清晰地表达想法，尊重他人的意见和成果。	☆	☆	☆
	6. 在活动中，能与大家互相学习和帮助，促进共同进步。	☆	☆	☆
创新和实践	7. 有浓厚的好奇心和探索欲望。	☆	☆	☆
	8. 在团队遇到问题时，积极思考，能提出合理的解决方法。	☆	☆	☆
	9. 活动中，能发挥个性特长，施展才能。	☆	☆	☆
能力提高	10. 活动中，能运用多种渠道收集信息。	☆	☆	☆
	11. 在活动中遇到问题不退缩，并能自己想办法解决。	☆	☆	☆
	12. 与他人交往沟通的能力得到提升。	☆	☆	☆
总体体会	我的收获是：			
	我的感受是：			
	我还需努力的是：			

A 等，五颗☆；B 等，四颗☆；C 等，三颗☆；D 等，二颗☆及以下。

拓展训练

与同伴共同填写完成表格的内容，正确地认识自己，进而明确自己的人生方向。

表3-4 认知自我自测题

序号	问题	我眼中的自己	同伴眼中的自己
1	我是谁？ 我的优势是什么？ 我的劣势是什么？		
2	我应该做什么？ 我最喜欢做什么？ 我最擅长的是什么？		
3	我最大的心愿是什么？		
4	我可以成为什么样的人？		
5	我适合就业还是创业？		
6	其他		

主题活动四

亲近创业孵化器

活动导航

1989年，联合国教科文组织在“面向21世纪教育国际研讨会”中指出，创业知识和技能是现代人应该具备的第三本教育“护照”，同文凭类和技术类教育“护照”同等重要。2015年，李克强总理在两会上提出“大众创业、万众创新”的“双创”号召。政策引领下，创业成为众多有志之士的人生选择，成为推动中国经济转型和增长的“双引擎”之一。狭义上，创业是指创办企业。广义上，创业是指创业者追寻创业机会，借助相应的平台或载体，整合信息、资源或技术，并转化或创造财富、价值的过程。

面对严峻的就业形势和巨大的就业压力，国家鼓励大学生以创业的形式进行就业。但是，大学生创业目前仍处于初步探索阶段，面临诸多经验、资金、管理等方面的瓶颈。创业孵化器帮助创业者克服这些困难，成为创业者梦想开花的地方。创业孵化器是指为创业之初的公司提供办公场地、设备，甚至是咨询意见和资金的企业。本次活动基于以上目标，设计“亲近创业孵化器”创业认知活动课，让学生了解创业孵化器的含义、类型以及主要工作流程，为今后创业做好准备。

任务设计

活动主题：创业梦想在此启航　亲近创业孵化器

活动介绍

本活动是一个近距离参观创业孵化器，了解创业孵化器功能，感受创业氛围的认知体验活动。学生通过检索网络资源，了解创业孵化器的含义、类型以及主要功能；教师带领学生走进创业孵化器，实地考察创业者如何与孵化器建立联系，了解孵化器在创业过程中是如何参与企业运行的。

学习目标

1. 了解国家扶持大学生创业的相关政策。
2. 了解创业孵化器的含义和类型。
3. 理解创业孵化器在大学生创业中发挥的作用。
4. 体会创业的艰辛，树立吃苦耐劳的意识。

准备工作

1. 学生通过文献检索、电话访谈等途径，对国家扶持创业的相关政策，创业孵化器、创业孵化器的类型等形成初步认知。
2. 教师联系本地创业孵化器负责人及其中的创业者，确定好参观方案。
3. 做好班级学生的小组分工、职责划分和任务分配。
4. 提前设计小组体验活动任务表和准备好评价表及笔、笔记本等文具。
5. 做好体验活动的安全教育工作。

时间计划

1. 教师讲解活动注意事项和任务要求。（5分钟）
2. 选择本地一家规模较大的创业孵化基地进行实地考察，了解创业孵化器是如何辅助创业的。（40分钟）
3. 采访其中1～2名创业者，了解其如何选择创业孵化器，以及创业孵化器如何帮助自己创业的过程。（30分钟）
4. 小组汇集、讨论活动体验的收获，交流心得。（20分钟）

表4–1　活动任务书

任务名称		小组名称	
活动日期		活动地点	创业孵化基地
小组成员		指导教师 / 被调查人	
课前任务及完成情况	（此处可记录、可张贴） 1. 本地有哪些扶持创业的政策？ 2. 本地创业孵化器的基本概况。		

（续表）

课中活动过程	（一）本次活动的注意事项（由小组组长在布置活动任务前填写） （二）任务要求 1. 选择规模较大的创业孵化基地作为调查对象。 2. 充分了解创业孵化基地的服务内容。 3. 详尽地记录好创业者的采访过程。 （三）任务解决方案 1. 解决方法：实地考察法、访谈法。 2. 解决过程： （1）与老师沟通，明确考察方案。 （2）制作创业者访谈提纲。 （3）按时到达访谈地点。 （4）开始考察和访谈。 （4）记录考察及访谈的内容。 （5）总结汇报要点。
活动成果	知识收获： 能力收获： 情感素质收获：
课后反思及活动剪影	

团队分工

1. 班级成员按人数分配，按照“七巧板”游戏方式组成团队，每组5人。

2. 选定组长，组长轮值，负责指挥小组整个活动流程，与老师进行细节协调。

3. 选定小组记录员，负责填写小组活动评价表，并记录经民主测评后的小组成员表现计分。

4. 其他成员服从指挥，听从安排，按要求完成任务。

任务完成

1. 根据活动体验，团队成员开展小组讨论，交流活动收获及心得，发表各自观点。

2. 小组成员完成活动调研报告。

3. 小组记录员与教师完成团队活动评价表和小组成员评价表。

知识点拨

一、国家关于创业的相关政策

有效的大众创新创业政策是帮助企业降低创新成本，提高企业成活率的关键。2015年6月，国务院发布《关于大力推进大众创业万众创新若干政策措施的意见》，强调推动大众创新创业对打造发展新引擎、增强发展新动力具有重要意义。大学生群体是国家实现“大众创业、万众创新”战略的主力军，由于群体特征，大学生创业对国家政策的支持具有强烈的依赖性。国家为鼓励大学生创业，出台了一系列的优惠政策。

（一）综合型政策

1. 税费减免政策

毕业年度（毕业所在自然年，即1月1日至12月31日）内高校毕业生在校期间创业的，持人力资源和社会保障部门简称“人社部门”核发《就业创业证》（注明“毕业年度内自主创业税收政策”），作为当年及后续年度享受创业税收扶持政策的管理凭证。

毕业年度内高校毕业生离校后创业的，可凭毕业证书直接向创业地县以上人社部门提出认定申请。县以上人社部门在对有关情况审核认定后，对符合条件的毕业生核发《就业失业登记证》，并注明“自主创业税收政策”。

2019年2月，财政部、税务总局、人力资源和社会保障部及国务院扶贫办《关于进一步支持和促进重点群体创业就业有关税收政策的通知》（财税〔2019〕22号）。文件指出，持《就业创业证》（注明“自主创业税收政策”或“毕业年度内自主创业税收政策”）或《就业失业登记证》（注明“自主创业税收政策”）的人员，从事个体经营的，自办理个体工商户登记当月起，在3年（36个月）内按每户每年12 000元为限额依次扣减其当年实际应缴纳的增值税、城市维护建设税、教育费附加、地方教育附加和个人所得税。限额标准最高可上浮20%，各省、自治区、直辖市人民政府可根据本地区实际情况在此幅度内确定具体限额标准。纳税人年度应缴纳税款小于上述扣减限额的，减免税额以其实际缴纳的税款为限；大于上述扣减限额的，以上述扣减限额为限。

2. 小额担保贷款和贴息政策

国家规定对符合条件的高校毕业生自主创业的，可在创业地按规定申请创业担保贷款，贷款额度为10万元。鼓励金融机构参照贷款基础利率，结合风险分担情况，合理确定贷款利率水平，对个人发放的创业担保贷款，在贷款基础利率基础上上浮3个百分点以内的，由财政给予贴息。

小额担保贷款和贴息政策，各地市也有具体的执行标准。比如，青岛市规定，从2018年1月1日起，对法定劳动年龄内的大中专毕业生在青岛行政区域内创办各类创业实体（含社会团体、事务所等），持有有效注册登记证明，符合条件的可申请最高45万元的创业担保贷款及贴息。

3. 创业补贴政策

创办小微企业，可获得三种创业补贴，分别是小微企业一次性创业补贴、小微企业一次性创业岗位开发补贴和一次性场地租赁补贴。

创业补贴金额因地市不同而不同。潍坊市对各类人员首次创办小微企业（2013年10月1日以后登记注册，不含个体工商户），通过金融机构按月向招用人员（含创业者本人）支付不低于当地最低工资标准的工资报酬，连续足额缴纳社会保险费满12个月（含12个月）以上，且有正常经营收入和一定的盈利能力，给予不低于1.2万元的一次性创业补贴。符合一次性创业补贴申领条件的人员创办的创业实体，以及法定劳动年龄内各类人员首次创办的小微企业，新招用大中专毕业生、登记失业人员、高级技工学校及技师学院毕业生，与其签订1年以上劳动合同且符合条件的，可申领每个岗位2 000元的一次性创业岗位开发补贴。

威海市对于2014年6月17日以后注册营业执照、处于法定劳动年龄内且具有本市户籍的大龄失业人员（失业年度女性年满35周岁、男性年满45周岁）、享受最低生活保障人员、抚养未成年子女的单亲家庭成员、残疾人员、被征地农民、返乡农民工及大学生，在所租赁固定场地正常经营1年以上且未享受场地租赁费用减免的，给予企业1万元、个体工商户5 000元的一次性场地租赁补贴。

4. 创业孵化基地政策

创业孵化基地是指以促进创业带动就业为导向，以培育创业主体为目标，充分利用各类园区、市场、厂房和场地为孵化对象提供低租金或免租金、低收费或零收费的创业平台，并引入创业扶持政策，免费提供创业指导、政策咨询、项目评估、跟踪管理等“一站式”专业化服务，形成有滚动孵化小型实体功能的创业载体。

毕业年度高校内高校毕业生创业可以申请创业孵化基地扶持。申请对象为拟创办或已创办（限营业执照登记注册日期起3年内）的各类创业实体，一般应具备一定数量的注册资金、营业额以及吸纳就业人数。首先创业者向创业孵化基地提出书面入驻申请，孵化基地审核同意的创业者，报同级人社部门备案。创业者获准入驻后，新注册的，应将注册地登记在创业孵化基地；已注册的，应在一个月内将注册地变更至创业孵化基地。

5. 教育政策

2017年9月1日，教育部制定的新版《普通高等学校学生管理规定》开始实施。该规定为大学生创新创业提供了制度支持。规定支持高校健全创业弹性学制，新生可申请保留入学资格。文件指出，学生参加创新创业、社会实践等活动以及发表论文、获得专利授权等与专业学习、学业要求相关的经历、成果，可以折算为学分，计入学业成绩，具体办法由学校规定。学校应当鼓励、支持和指导学生参加社会实践、创新创业活动，可以建立创新创业档案、设置创新创业学分。学校可以根据情况建立并实行灵活的学习制度。对休学创业的学生，可以单独规定最长学习年限，并简化休学批准程序。

6. 创业培训政策

对高校毕业生在毕业年度内（指毕业所在自然年，即1月1日至12月31日）参加创业培训的，根据其获得创业培训合格证书或就业、创业情况，给予培训补贴。

二、创业者应该具备的素质

没有生来就成功的创业者，创业需要素质的累积。创业者应具备的素质主要包括能力素质、知识素质和心理素质三个方面。

（一）创业能力

1. 识别机会能力

创业机会的识别能力是指创业者基于已有的知识经验对外在创业环境中的有商业价值的信息进行主观搜索、识别以及评价确定的一种能力。影响创业识别能力的因素有个体的专业知识、创业经验、创业机会存在的时机窗口、个人所在的社会网络等。

2. 资源整合能力

创业不是引“无源之水”，成功的创业离不开高效的资源整合。资源整合能力是指创业者对创业过程中获取的一切资源进行选择、吸收、配置和利用，以发挥资源最大效用的能力。创业资源的合理整合有助于企业对不同效用的资源进行配置和优化，发挥“部分之和大于整体”的放大效应。

3. 人际交往能力

创业离不开丰富的人脉资源。创业者构建人际网络或社会网络的能力对创业成功具有关键作用。如果创业者没有出色的沟通和交际能力，不但打不开市场，还带不好团队。创业者需要具备的这些素质是互相联系的，出色的沟通及交际能力才能够带来更多的人脉资源，也就是良好的社会关系，有了人脉资源就可能获得更多的创业启动资金。

4. 创新能力

创新能力是创业者在激烈的市场竞争中生存与发展的重要保证。一个人如果没有创新能力，不能打破常规，创业很难成功。创新能力的培养关键是提高创新意识，敢于运用已有的知识经验来发现和创造新事物。其次，还要培养和锻炼自身的创新思维，在学习和生活过程中经常质疑问难，善于观察和分析问题，多进行想象和推理，激发创新潜能和创造灵感。

5. 应变能力

创业是一个需要协调多方利益，善于处理突发事件的过程。应变能力是根据事物的发展变化审时度势地作出机智果断的行为调整的能力。创业路上总是充满变化，变化可能会蕴藏着机会，创业者应该注意提高自己的应变能力，审时度势，随机应变，把危机转化为成功的机遇。

6. 商业运作能力

成功的创业者必须精通经营之道，善于筹划治理，明了项目运行的理念和方法，了解并掌握市场行情，通过先进的经营理念和丰富的实践经验，能筹划对比不同的方案，开展市场调查，并制订合理的经营方案。能通过良好的管理，充分调动人力资源，善于用人，充分发挥企业的人才优势。

（二）创业知识

1. 专业知识

创业者应具备所选择创业项目相关范围内的专项能力或专项知识体系。具备特定领域的专业知识，是具备该领域专业能力的前提。专业知识能够帮助创业者解决专业范围内技术问题，能够为创业者解决技术上的问题，帮助创业者选择创业项目，并促进其顺利实施。

2. 管理知识

不同行业有不同的经营管理知识。经营管理知识在创业知识体系中居主导地位。只有掌握了经验管理知识，才能解决企业在创办、生存、发展过程中遇到的各种问题，才能保证企业正常运转。

3. 法律知识

创业公司在成长过程中，不可避免地会遭遇各种法律风险。创业者需要强化自身的法律素养和意识，避免因无知而违法。创业者需要掌握的法律知识包括基本的税法知识、劳动法知识、合同法知识、知识产权概念等。创业者在团队创建前期逐步完善各种规章制度、业务流程、责任和监管机制等法律风险防范管理体系，能为创业项目的顺利运行保驾护航。

（三）创业心理

1. 创业欲望

创业者往往伴随着强烈地改变自己、改变生活，甚至改变世界的欲望。一个真正的创业者一定会有强烈的欲望，并且在欲望的驱使下去寻找商机，追寻成功的方向。创业者的欲望比普通人的欲望更为强烈，他们的欲望往往超出所处的现实情境，需要打破现有的立足点，突破瓶颈才能实现。因此，创业者的欲望经常会伴随着明确的目标、超强的行动力和无畏的牺牲精神。

2. 自信心

创业之路多曲折，自主创业就等于一个人去面对变化莫测的激烈竞争以及随时出现的需要迅速正确解决的问题和矛盾，这需要创业者具有非常强的自信心，能够持续保持一种积极、沉稳的心态。自信心能赋予人主动积极的人生态度和进取精神。要成为一名成功的创业者，必须坚持信仰如一，拥有使命感和责任感，信念坚定，顽强拼搏，直到成功。

3. 意志力

创业是一个夹缝中求生存的活动，艰辛的过程需要强大的意志力做支撑。坚忍不拔的品质可以让创业者忍受创业的艰难，能百折不挠地把创业坚持到底，直到目标达成。创业意志力主要体现在三个方面：一是有明确的创业目的，二是面对选择能坚决果断，三是具有恒心和毅力。

4. 自我管理

创业是一个不断摸索的过程，创业者需要有强大的自我管理能力，尤其应注重自我反省。只有善于反省，才能正确认识错误、改正错误。只有经常反省，才能在创业过程中不断收获。自我反省能力的强弱，自我反省精神的有无，决定了创业者是否能及时发现错误、改正错误，是否能够不断学习。

5. 冒险精神

创业是突破现实，努力把目标变为现实的过程，伴随着诸多未知事件，创业者需要具备强大的心理承受能力，需要有冒险精神。但创业者的冒险并不等同于冒进。为了值得的东西去努力争取，属于冒险，而为了不值得的东西去拼命，则属于冒进。无知的冒进只会让生活变得更糟。创业者一定要分清冒险与冒进的关系。

三、创业孵化器的类型

创业孵化器可以分为托管型和策划型两种。托管型孵化器主要面向初次创业者或高科技及互联网创业者，提供办公场地、创业培训、毕业项目路演培训、投资人对接等方面的服务。这类孵化器为创业者提供了企业生存的基础设施，使创业者可以全身心投入到产品的设计和研发中。策划型孵化器一般依托于大型的咨询策划公司，面向人群为有一定经济基础的多次创业者或者传统中小微企业。

四、创业孵化器的功能

创业孵化器的主要作用是降低创业风险和创业成本，提高企业的成活率和成长性，助力企业的成功和发展。初创企业的创业项目，其最为需要的核心要素是各种能够促成其快速成长的资源，如资本杠杆、经验指导，而这些也正是创业孵化器所具有的优势。

1. 孵化服务

创业孵化器可以依托自身的资源和经验，利用开放平台合作框架，为创业企业提供一站式创业服务，打造创新要素有效融合和互动的创新创业环境。孵化器可以为企业提供工商税务服务、招聘服务、信息服务、员工福利管理服务、券商服务、法律服务、设计服务、认证检测服务、媒体宣传服务、众筹服务、政务咨询服务、办公设备租赁服务等，从而实现初创企业的快速成长。

2. 解决融资问题

在学生创业的起步阶段，资金问题往往尤为突出，因此创业孵化器在此方面的帮扶作用十分重要。政府主导的孵化器以优惠价格吸引天使投资机构入场，充当天使投资（指具有一定净财富的人士，对具有巨大发展潜力的高风险的初创企业进行早期的直接投资，属于自发而又分散的民间投资方式，这些进行投资的人士被称为“投资天使”，用于投资的资本称为“天使资本”）与创业企业之间的媒介，从而解决创业者融资困难的问题。创业孵化器可以利用自身的优势汇聚一批志同道合的天使投资机构和投资人。利用全链条孵化业务，建立专门服务于创业者的天使投资引导基金，提供从课程基金、种子投资再到天使投资及投资并购咨询等股权融资服务，不仅为创业者提供资金支持，同时更注重投资增值服务，从融资、股权、商业模式设计等内容为创业者提供专业化服务，按照金融化、专业化、国际化、网络化4个维度打造天使投资业务服务平台。

3. 搭建创业平台

创业孵化器的另一个优势在于空间的独特性，在孵化器中可以同时容纳多个创业团队办公，这就与传统意义上相对封闭的独立办公环境形成了鲜明对照。开放式的办公环境使初创企业有更多与外界互联、互通的机会，从而促成了孵化器内项目的互补与业务合作的机遇，使得创业孵化器集中化、开发式办公优势凸显。创业孵化器还可以利用自身的资源优势，为孵化器企业与外界市场建立更为紧密的互助合作关系，从而加速企业的发展。

任务评价

表4-2 “七巧板”团队合作评价表

学校：________ 班级：________ 小组：________ 时间：________

<table>
<tr><td>小组名称</td><td colspan="5"></td></tr>
<tr><td>组长</td><td></td><td>组员</td><td colspan="3"></td></tr>
<tr><td>活动起止时间</td><td colspan="2"></td><td>指导老师</td><td colspan="2"></td></tr>
<tr><td rowspan="5">组长的管理沟通能力</td><td colspan="2">评价项目</td><td>自评</td><td>互评</td><td>师评</td></tr>
<tr><td colspan="2">1. 组长能积极地为小组服务。</td><td></td><td></td><td></td></tr>
<tr><td colspan="2">2. 能平均、合理地分配任务。</td><td></td><td></td><td></td></tr>
<tr><td colspan="2">3. 能做好材料的收集、整理工作。</td><td></td><td></td><td></td></tr>
<tr><td colspan="2">4. 能做好与老师和小组成员的沟通。</td><td></td><td></td><td></td></tr>
<tr><td rowspan="4">团队合作能力</td><td colspan="2">1. 每个成员都能积极地参与小组活动。</td><td></td><td></td><td></td></tr>
<tr><td colspan="2">2. 每个成员都有自己明确的任务，并能认真地完成任务。</td><td></td><td></td><td></td></tr>
<tr><td colspan="2">3. 小组成员间能认真倾听，互助互学。</td><td></td><td></td><td></td></tr>
<tr><td colspan="2">4. 小组合作氛围愉快，合作效果好。</td><td></td><td></td><td></td></tr>
<tr><td colspan="6">小组活动中遇到哪些困难，怎样克服？（要求填写具体的事情和详细的解决办法）</td></tr>
<tr><td colspan="6">小组活动中谁在观察、记录、分析、讨论、总结方面表现最突出？他（她）的具体表现有哪些？</td></tr>
<tr><td colspan="6">小组活动中存在哪些不足（比如观察、记录、分析等）？怎样改进？</td></tr>
</table>

表4-3　学生评价表

班级：________ 小组：__________ 时间：__________ 姓名：__________

评价内容		自评	互评	师评
参与态度	1. 认真参加活动，对活动始终保持浓厚的兴趣。	☆	☆	☆
	2. 能积极学习各种电脑、网络知识，能利用网络与他人进行交流。	☆	☆	☆
	3. 能发挥自身的优势为团队提供必不可少的帮助，努力完成自己承担的任务。	☆	☆	☆
协作精神	4. 能积极配合小组开展活动，服从安排。	☆	☆	☆
	5. 能积极地与组内、组间成员交互讨论，能完整、清晰地表达想法，尊重他人的意见和成果。	☆	☆	☆
	6. 在活动中，能与大家互相学习和帮助，促进共同进步。	☆	☆	☆
创新和实践	7. 有浓厚的好奇心和探索欲望。	☆	☆	☆
	8. 在团队遇到问题时，积极思考，能提出合理的解决方法。	☆	☆	☆
	9. 活动中，能发挥个性特长，施展才能。	☆	☆	☆
能力提高	10. 活动中，能运用多种渠道收集信息。	☆	☆	☆
	11. 在活动中遇到问题不退缩，并能自己想办法解决。	☆	☆	☆
	12. 与他人交往沟通的能力得到提升。	☆	☆	☆
总体体会	我的收获是：			
	我的感受是：			
	我还需努力的是：			

A 等，五颗☆；B 等，四颗☆；C 等，三颗☆；D 等，二颗☆及以下。

拓展训练

请完成以下创业心理素质测试（表4-4），测一测你现阶段是否适合创业？请将你认为正确的答案字母填写在右侧对应的空格内，并对照答案算出总分。

表4–4 创业心理素质测试表

题号	内　　容	选择	得分
1	你在哪一种条件下，会决定创业： a. 等有了一定工作经验以后 b. 等有了一定经济实力以后 c. 等找到天使或风险投资以后 d. 现在就创业，尽管自己口袋里没有几个钱 e. 一边工作一边琢磨，等想法成熟了就创业		
2	你认为创业成功的关键是： a. 资金实力　b. 好的创意　c. 优秀团队 d. 政府资源和社会关系　e. 专利技术		
3	以下哪项是创业公司生存的必要因素： a. 高度的灵活性　b. 严格的成本控制　c. 可复制性 d. 可扩展性　e. 健康的现金流		
4	开始创业后你立刻做的第一件事情是： a. 找钱、创业投资　b. 撰写商业计划书　c. 物色创业伙伴 d. 着手研发产品　e. 选择办公地点		
5	创业公司应该： a. 低调埋头苦干　b. 努力宣传 c. 看情况顺其自然　d. 借别人的帮扶进行联合推广		
6	招聘员工时最重要的是： a. 学历高低　b. 朋友推荐　c. 成本高低　d. 工作经验		
7	产品进入市场的最佳策略是： a. 价格低廉　b. 广告投入　c. 口碑营销　d. 品质过硬		
8	和投资人交流最有效的方式是： a. 出色的现场 PPT 演示　b. 详细的商业计划书和财务预测 c. 样品当场测试　d. 有朋友的介绍和引荐 e. 通过财务顾问的代理		
9	选择投资人的关键因素是： a. 对方是一个知名投资机构　b. 投资方和团队不设对赌条款 c. 谁估值高就拿谁的钱　d. 谁出钱快就拿谁的钱 e. 只要能融到钱，一视同仁		
10	你认为以下哪一项是风险投资决策中最重要的因素： a. 商业模式　b. 定位　c. 团队　d. 现金流　e. 销售合约		

（续表）

题号	内　　　容	选择	得分
11	从哪句话里可以知道风险投资其实对你的公司并没有实际兴趣： a.“我们有兴趣，但是最近太忙，做不了此项目” b.“你们的项目还偏早一些，我们还要观察一段时间” c.“你们如果找到领投的风险投资，我们可以考虑跟投一些” d.“我们对这个行业不熟悉，不敢投” e. 上面任何一句话		
12	创业团队拥有 51% 的股份就绝对控制公司了吗？ a. 正确　　b. 错误		
13	创业公司的 CEO 首要的工作责任是： a. 制订公司的远景规划　　b. 销售、销售、销售 c. 人性化的管理　　d. 领导研发团队 e. 融进投资人的钱		
14	凝聚创业团队的最好办法是： a. 期权　　b. 公司文化　　c. CEO 的魅力 d. 工资和福利　　e. 团队的激情		
15	创业公司的财务预测中最重要的是： a. 销售增长　　b. 毛利率　　c. 成本分析　　d. 资产负债表		
16	创业公司的日常运营中，以下工作最重要的是： a. 会议记录的及时存档　　b. 业绩指标的合理安排和及时跟踪 c. 团队的经常性培训　　d. 奖惩制度 e. 管理流程的 ISO 9000 认证		
17	创业公司的日常运营中，最棘手的问题是： a. 人的管理　　b. 销售增长　　c. 研发的速度 d. 资金到位情况　　e. 扩张力度		
18	创业公司产品市场推广效果的衡量标准是： a. 广告投入量和覆盖面　　b. 营销推广的精准程度 c. 产品出色的品质保证　　d. 广告投入和产出比 e. 产品价格的打折力度　　f. 品牌的市场渗透率		
19	防止竞争的最有效手段是： a. 专利　　b. 产品包装　　c. 质量检查 d. 不断研发新产品　　e. 比竞争对手更快地占领市场		
20	创业公司的第一个大客户竟然是个土财主，你会： a. 一如既往地提供给他公司的标准服务 b. 指导他如何来积极配合你的工作 c. 修理他，给他些颜色看看是为了他的提高 d. 提供全面服务和免费成长辅导		

（续表）

题号	内　　容	选择	得分
21	你认为创业公司面临的最大风险是： a. 市场的变化　b. 融资的成败　c. 产品研发的速度 d. CEO 的个人能力和素质　e. 决策机制的合理性		
22	当创业公司账上的现金低于三个月用度时，应该采取的措施是： a. 立刻启动股权融资 b. 通知现有公司股东追加投资 c. 立刻大幅削减运营成本，包括裁员 d. 打电话给银行请求贷款 e. 把自己的存折和密码交给公司会计		
23	创始人之间发生矛盾时，你会： a. 坚持原则，据理力争　b. 决定离开，另起炉灶 c. 委曲求全，弃异求同　d. 引入新人，控制局势		
24	投资创业公司的理想退出方式是： a. 上市　b. 被收购　c. 团队回购　d. 高额分红　e. 以上都是		

正确答案：

1.d	2.c	3.e	4.d	5.b	6.d
7.d	8.c	9.e	10.c	11.e	12.b
13.b	14.b	15.a	16.b	17.a	18.d
19.e	20.d	21.d	22.c	23.c	24.e

答对得1分，答错不得分。

测评结果：

（1）如果你的得分是1～8分：还不具备创业的基本知识，不要贸然创业；

（2）如果你的得分是9～16分：游走在创业的梦想和现实之间，继续打磨打磨；

（3）如果你的得分是17～24分：已经做好创业的基本准备，大胆往前走！

主题活动五

采访创业英雄——风流人物

活动导航

每年都会有成千上万的创业者投身商海，期望自己也为社会创造财富。但是，“几家欢乐几家愁”，事实上，除了很少一部分人能获得成功外，大部分人都有过失败的经历。特别是对于学生来说，由于缺少社会经验和创业经历，更容易在创业道路上跌跟头。从创业角度来看，普通人和成功者之间到底有什么不同？为什么同样毕业十年，但境遇会大相径庭？为什么有的创业者可以做大，有的创业者却走向失败？

基于以上问题，设计“采访创业英雄——风流人物”活动课，让学生通过走访身边的创业成功者，观察普通人与成功者的区别，总结成功者应该具备的素质和能力，从中学习到创业成功者的经验和知识，为自身创业奠定基础。

任务设计

活动主题：走进身边榜样　采访创业英雄

活动地点：实地采访

活动介绍

本活动是一次任务访谈活动，学生以小组为单位，实地采访一位创业成功者的创业经历。可以走访已经创业的校友、自己的亲友、社区或者学校周边的创业成功者，或者其他名人。通过走访与创业者面对面交谈、实地参观创业场地等方式，了解创业者的创业经历，倾听他们对创业的认识，以及对在校学生创业的意见和建议，观察普通人与创业成功者的区别，总结成功者的个人特质，从而归纳出创业成功者应该具备的素质和能力，为个人创业奠定基础。

学习目标

1. 理解和熟悉创业者应具备的素质与能力。

2. 挖掘和培养自身的创业素质和潜力，理性认识创业，激发创业热情。

3. 从自身专业出发，初步了解创立企业应做的必要准备。

准备工作

1. 明确访谈目的，做好班级学生的小组分工，划分职责和任务分配，并按时完成采访报告。

2. 提前设计小组活动任务表和准备小组评价表及笔、笔记本等文具。

3. 提前收集被受访者的资料，尤其是他们的创业经历，并且做到熟记于心，避免访谈过程中出现因准备不足而慌乱的状况。

5. 做好访谈活动过程中的安全教育工作。

时间计划

1. 教师讲解活动注意事项和任务要求。（10分钟）

2. 组长带领同学们进行集体行动，根据事先准备好的访谈稿，熟悉访谈问题，并做到熟记于心。（20分钟）

3. 团队分为若干小组，分别根据任务布置和学习目标进行访谈。（180分钟）

4. 小组成员小组汇集、讨论活动体验的收获，交流心得。（20分钟）

表5-1 活动任务书

任务名称		小组名称	
活动日期		活动地点	访谈企业
小组成员		指导教师 / 被调查人	
课前任务及完成情况	（此处可记录、可张贴） 在采访前礼貌询问受访者是否方便接受采访，并先让对方了解采访问题。确定访谈的地点和时间。		

（续表）

课中活动过程	（一）本次活动的注意事项（由小组组长在布置活动任务前填写） （二）任务要求 1. 预习教材知识点拨。 2. 课前确定采访对象，通过各种途径搜集采访对象的个人经历、创业经历等详细资料。 3. 确定采访提纲，并熟记于心。 4. 完成访谈任务和活动任务书，实现理论知识与实践的融合学习。 5. 小组头脑风暴，总结活动任务完成过程中的遇到的问题、解决的方法，以及学习收获。 （三）任务解决方案 1. 解决方法：调研法、访谈法和实践法。 2. 解决过程： （1）制作访谈提纲。 （2）按时到达访谈地点。 （3）开始访谈。 （4）访谈记录整理。 （5）总结汇报要点。
活动成果	知识收获： 能力收获： 情感素质收获：
课后反思及活动剪影	

团队分工

1. 班级成员按人数分配，按照“七巧板”游戏方式组成团队，每组5人。

2. 选定组长，组长轮值，负责指挥小组整个活动流程，与老师进行细节协调。

3. 选定小组记录员，负责填写小组活动评价表，并记录经民主测评后的小组成员表现计分。

4. 其他成员服从指挥，听从安排，按要求完成任务。

任务完成

1. 根据活动体验，团队成员开展小组讨论，交流活动收获及心得，发表各自观点。

2. 小组成员完成活动调研报告。

3. 小组记录员与教师完成团队活动评价表和小组成员评价表。

知识点拨

一、创业者应具备的基本素质

创业是极具挑战性的社会活动，是对创业者自身智慧、能力、气魄、胆识的全方位考验。一个人要想获得创业的成功，必须具备基本的创业素质。创业基本素质包括创业意识、创业心理品质、创业精神、竞争意识、创业能力。

（一）强烈的创业意识

要想取得创业的成功，创业者必须具备自我实现、追求成功的强烈创业意识。强烈的创业意识，可以帮助创业者克服创业道路上的各种艰难险阻，将创业目标作为自己的人生奋斗目标。创业的成功是思想上长期准备的结果，事业的成功总是属于有思想准备的人，也属于有创业意识的人。

（二）良好的创业心理品质

创业之路，是充满艰险与曲折的，这需要创业者具有非常强的心理调控能力，能够持续保持一种积极、沉稳的心态，即有良好的创业心理品质。它是对创业者创业实践过程中的心理和行为起调节作用的个性心理特征，主要体现在人的独立性、敢为性、坚韧性、克制性、适应性、合作性等方面，它反映了创业者的意志和情感。只有具有处变不惊的良好心理素质和愈挫愈强的顽强意志，才能在创业的道路上自强不息、竞争进取、顽强拼搏，才能从小到大，从无到有，闯出属于自己的一番事业。

（三）自信、自强、自主、自立创业精神

自信就是对自己充满信心。自强就是在自信的基础上，不贪图眼前的利益，不依恋平淡的生活，敢于实践，不断提高自己各方面的能力与才干，勇于使自己成为生活与事业的强者。自主就是具有独立的人格，具有独立的思维能力，不受传统和世俗偏见的束缚，不受舆论和环境的影响，能自己选择自己的道路，善于设计和规划自己的未来，并采取相应的行动。自主就是要有远见、有敢为人先的胆略和实事求是的科学

态度，能把握住自己的航向，直至达到成功的彼岸。自立就是凭自己的头脑和双手，凭借自己的智慧和才能，凭借自己的努力和奋斗，建立起自己生活和事业的基础。

信念是生命的力量，是创立事业之本，信念是创业的原动力。要相信自己有能力，有条件去开创自己未来的事业，相信自己能够主宰自己的命运，成为创业的成功者。

（四）竞争意识

竞争是市场经济最重要的特征之一，是企业赖以生存和发展的基础，也是立足社会不可缺乏的一种精神。创业者只有敢于竞争、善于竞争，才能取得成功。创业者创业之初面临的是一个充满压力的市场，如果创业者缺乏竞争的心理准备，甚至害怕竞争，就只能是一事无成。

二、创业者应具备的基本能力

创业能力是一种特殊的能力，这种特殊能力往往影响创业活动的效率甚至创业的成败。创业能力包括决策能力、经营管理能力、专业技术能力与交往协调能力。

（一）决策能力

决策能力是创业者根据主、客观条件，因地制宜，正确地确定创业的发展方向、目标、战略以及具体选择实施方案的能力。决策是一个人综合能力的表现，一个创业者首先要成为一个决策者。创业者的决策能力通常包括分析能力、判断能力和创新能力。

学生要创业，首先要从众多的创业目标以及方向中进行分析比较，选择最适合发挥自己特长与优势的创业方向、途径和方法。在创业的过程中，能从错综复杂的现象中发现事物的本质，找出存在的真正问题分析原因，从而正确处理问题，这就要求创业者具有良好的分析能力。所谓判断能力，就是能从客观事物的发展变化中找出因果关系，并善于从中把握事物的发展方向。分析是判断的前提，判断是分析的目的，良好的决策能力是良好的分析能力与果断的判断能力的结合。创业实际就是一个充满创新的事业，所以创业者必须具备创新能力，有创新思维、无思维定式，不墨守成规，能根据客观情况的变化，及时提出新目标、新方案，不断开拓新局面，创出新路子，可以说，不断创新是创业者不断前进的关键环节。

（二）经营管理能力

经营管理能力是指对人员、资金的管理能力。它涉及人员的选择、使用、组合和优化；也涉及资金聚集、核算、分配、使用、流动。经营管理能力是一种较高层次的综合能力，是运筹性能力。经营管理能力的形成要从学会经营、学会管理、学会用人、学会理财等几个方面去努力。

1. 学会经营。创业者一旦确定了创业目标，就要组织实施，为了在激烈的市场竞争中取得优势，必须学会经营。

2. 学会管理。要学会质量管理，要始终坚持质量第一的原则。质量不仅是生产物质产品的生命，也是从事服务业和其他工作的生命，创业者必须严格树立牢固的质量观。要学会效益管理，要始终坚持效益最佳原则，效益最佳是创业的终极目标。可以说，无效益的管理是失败的管理，无效益的创业是失败的创业。做到效益最佳要求在创业活动中人、物、资金、场地、时间的使用，都要选择最佳方案运作。做到不闲置人员和资金、不空置设备和场地、不浪费原料和材料，使创业活动有条不紊地运转。学会管理还要敢于负责，创业者要对本企业、员工、消费者、顾客以及对整个社会都抱有高度的责任感。

3. 学会用人。市场经济的竞争是人才的竞争，谁拥有人才，谁就拥有市场、拥有顾客。一个学校没有品学兼优的教师，这个学校必然办不好，一个企业没有优秀的管理人才、技术人才，这个企业就不会有好的经济效益和社会效益，一个创业者不吸纳德才兼备、志同道合的人共创事业，创业就难以成功。因此，必须学会用人，要善于吸纳比自己强或有某种专长的人共同创业。

4. 学会理财。首先，要学会开源节流。开源就是培植财源，在创业过程中除了抓好主要项目创收外，还要注意广辟资金来源。节流就是节省不必要的开支、树立节约每一滴水、每一度电的思想。其次，要学会管理资金。一是要把握好资金的预决算，做到心中有数；二是要把握好资金的进出和周转，每笔资金的来源和支出都要记账，做到有账可查；三是把握好资金投入的论证，每投入一笔资金都要进行可行性论证，有利可图才投入，大利大投入、小利小投入，保证使用好每一笔资金。

5. 要讲诚信。就创业者个人而言，诚信乃立身之本，“言而无信，不知其可也。”创业者在创业过程中，如不讲信誉，就无法开创出自己的事业；失去信誉，就会寸步难行。诚信，一是要一言九鼎；二是要讲质量；三是要以诚信服人。

（三）专业技术能力

专业技术能力是创业者掌握和运用专业知识进行专业生产的能力。专业技术能力的形成具有很强的实践性。许多专业知识和专业技巧要在实践中摸索，逐步提高发展、完善。创业者要重视创业过程中专业技术方面经验的知识积累和职业技能的训练，对于书本上介绍过的知识和经验在加深理解的基础上予以提高、拓宽；对于书本上没有介绍过的知识和经验要积极探索，在探索的过程中要详细记录、认真分析，进行总结、归纳，上升为理论，形成自己的经验特色，积累起来。只有这样，专业技术能力才会不断提高。

（四）交往协调能力

交往协调能力是指能够妥善处理与公众（政府部门、新闻媒体、客户等）之间的关系，以及能够协调下属各部门成员之间关系的能力。创业者应该做到妥当处理与外界的关系，尤其要争取政府部门、工商以及税务部门的支持与理解，同时要善于团结一切可以团结的人，团结一切可以团结的力量，求同存异共同协调的发展，做到不失原则、灵活有度，善于巧妙地将原则性和灵活性结合起来。总之，创业者搞好内外团结，处理好人际关系，才能建立一个有利于自己创业的和谐环境，为成功创业打好基础。

（五）创新能力

创新是知识经济的主旋律，是企业化解外界风险和取得竞争优势的有效途径，创新能力是创业能力素质的重要组成部分。它包括两方面的含义：一是大脑活动的能力，即创造性思维、创造性想象、独立性思维和捕捉灵感的能力；二是创新实践的能力，即人在创新活动中完成创新任务的具体工作的能力。创新能力是一种综合能力，与人们的知识、技能、经验、心态等有着密切的关系。具有广博的知识、扎实的专业基础知识、熟练的专业技能、丰富的实践经验、良好的心态的人容易形成创新能力，它取决于创新意识、智力、创造性思维和创造性想象等。

三、创业能力的训练与培养

如何提升创业者（包括潜在创业者）的创业能力，是创业教育过程中不可避免的问题。大量事实表明：创业者具有先天素质，可以在后天被塑造得更好，某些态度和行为可以通过经验和学习学到且被开发、实践或提炼出来。通过训练强化的态度和行为包括：

（一）责任感与决策力

承担责任和决心是创业者具备的第一要素。有了责任承诺和决心，创业者可以克服难以想象的障碍，并且可以弥补其他缺点。责任感与决策力通常意味着个人牺牲。衡量创业者的责任承诺有以下三方面：是否承担责任和有决心认为是创业者具备的第一要素。有了责任承诺（承诺是指对过去所做努力的坚持）和决心，创业者可以克服难以想象的障碍，并且可以弥补其他缺点。

（二）领导力

成功的创业者不需要凭借正式权力（多为组织授予的权力）就能向别人施加影响，这就是领导力。他们善于化解冲突，懂得什么时候以理服人，什么时候以情感人，什么时候做出妥协，什么时候寸步不让。成功经营企业，创业者必须学会与许多角色，包括客户、供应商、资金援助者、债权人、合伙人，以及内部员工相处好。由于不同的角色在目标上常会有冲突，创业者要成为一个调停者、磋商者而非独裁者。

（三）执着于创业机会

成功的创业者都会为创业机会而殚精竭虑。他们的目标是寻求并抓住商机，将其变成有价值的东西。他们受到的困扰往往是陷在商机里不能自拔，但他们总能发现机会。这就要求创业者区分各种创意和机会的价值，抓住重点。

（四）对风险、模糊和不确定性的容纳度

创业总伴随着高风险、模糊和不确定性，成功的创业者需要容忍风险、模糊和不

确定性。他们能乐观而清晰地看到公司的未来，从而保持勇气。他们通过仔细定义目标战略，控制和监督自身的行动方式，并按照他们预见的未来加以调整，减少了创业风险。成功的创业者把压力化为好的结果，将绩效最大化，并把负面影响、精疲力竭和沮丧情绪最小化。

（五）创造、自我依赖和适应能力

成功的创业者不满足也不会停留于现状，是持续的革新者。真正的创业者会积极寻找主动权并采取行动。他们喜欢主动解决问题，通过创新和创造实现生存和发展。成功的创业者有很强的适应力和恢复力，从错误和挫折中学习经验，能在将来避免类似的问题发生。创业者总是优秀的听众和快速的学习者。

（六）超越别人的动机

成功的企业家受到内心强烈愿望的驱动，希望和自己定下的标准竞争，追寻并达到富有挑战性的目标。新创建企业的创业者对地位和权力需求很低，他们从创建企业的挑战和兴奋中产生个人动机。他们享受获取成就的渴望而不是地位和权力的驱动。

任务评价

表5-2　“七巧板”团队合作评价表

学校：________ 班级：_______ 小组：_________ 时间：_________

<table>
<tr><td>小组名称</td><td colspan="5"></td></tr>
<tr><td>组长</td><td></td><td>组员</td><td colspan="3"></td></tr>
<tr><td>活动起止时间</td><td colspan="2"></td><td>指导老师</td><td colspan="2"></td></tr>
<tr><td rowspan="5">组长的管理沟通能力</td><td colspan="3">评价项目</td><td>自评</td><td>互评</td><td>师评</td></tr>
<tr><td colspan="3">1. 组长能积极地为小组服务。</td><td></td><td></td><td></td></tr>
<tr><td colspan="3">2. 能平均、合理地分配任务。</td><td></td><td></td><td></td></tr>
<tr><td colspan="3">3. 能做好材料的收集、整理工作。</td><td></td><td></td><td></td></tr>
<tr><td colspan="3">4. 能做好与老师和小组成员的沟通。</td><td></td><td></td><td></td></tr>
<tr><td rowspan="4">团队合作能力</td><td colspan="3">1. 每个成员都能积极地参与小组活动。</td><td></td><td></td><td></td></tr>
<tr><td colspan="3">2. 每个成员都有自己明确的任务，并能认真地完成任务。</td><td></td><td></td><td></td></tr>
<tr><td colspan="3">3. 小组成员间能认真倾听，互助互学。</td><td></td><td></td><td></td></tr>
<tr><td colspan="3">4. 小组合作氛围愉快，合作效果好。</td><td></td><td></td><td></td></tr>
</table>

（续表）

小组活动中遇到哪些困难？怎样克服？（要求填写具体的事情和详细的解决办法）
小组活动中谁在观察、记录、分析、讨论、总结方面表现最突出？他（她）的具体表现有哪些？
小组活动中存在哪些不足（比如观察、记录、分析等）？怎样改进？

表5-3 学生评价表

班级：________ 小组：________ 时间：________ 姓名：________

评价内容		自评	互评	师评
参与态度	1. 认真参加活动，对活动始终保持浓厚的兴趣。	☆	☆	☆
	2. 能积极学习各种电脑、网络知识，能利用网络与他人进行交流。	☆	☆	☆
	3. 能发挥自身的优势为团队提供必不可少的帮助，努力完成自己承担的任务。	☆	☆	☆
协作精神	4. 能积极配合小组开展活动，服从安排。	☆	☆	☆
	5. 能积极地与组内、组间成员交互讨论，能完整、清晰地表达想法，尊重他人的意见和成果。	☆	☆	☆
	6. 在活动中，能与大家互相学习和帮助，促进共同进步。	☆	☆	☆
创新和实践	7. 有浓厚的好奇心和探索欲望。	☆	☆	☆
	8. 在团队遇到问题时，积极思考，能提出合理的解决方法。	☆	☆	☆
	9. 活动中，能发挥个性特长，施展才能。	☆	☆	☆
能力提高	10. 活动中，能运用多种渠道收集信息。	☆	☆	☆
	11. 在活动中遇到问题不退缩，并能自己想办法解决。	☆	☆	☆
	12. 与他人交往沟通的能力得到提升。	☆	☆	☆
总体体会	我的收获是：			
	我的感受是：			
	我还需努力的是：			

A 等，五颗☆；B 等，四颗☆；C 等，三颗☆；D 等，二颗☆及以下。

拓展训练

我能成为创业者吗?

请先回答以下问题，单项选择，必选。直接回答，不需认真思考，5分钟内完成。

1. 创业者是天生的吗？①是；②不是；③有先天因素，也有后天训练。

2. 对于责任的态度：①我从来不愿承担任何责任；②我实际承担过责任；③我不怕甚至愿意承担责任。

3. “这件事可以干，没有风险！”①我从未说过这样的话；②偶尔说过；③经常说。

4. 在生活中：①我从未尝试吃之前未吃过的东西；②面对未吃过的东西，只要有我信任的人先吃，我就吃；③我总想尝尝未吃过的东西。

5. 在生活中：①我总是被别人领导，让我干啥我就干啥；②我小时候在伙伴中就是“头头”；③我牵头策划并和别人一起做成过几件事，尽管事不大，但回想起来还挺有成就感。

6. 在平时工作中：①我总是特立独行，独来独往；②过去两三年我总是和几个人固定地合作；③我总在扩大合作的范围，愿意找新人合作。

7. 我做事的原则是：①不想清楚绝对不做；②有个大概眉目了就行动；③感觉有好处就试试。

8. 遇到困难时：①绕开；②设法解决掉；③找别人帮忙。

9. 长这么大：①我离开家的日子累计不超过1个月；②我很小就出来闯荡了；③我在与家同一个城市的学校读书，其间周末也很少回家。

10. 关于特长：①我没有什么特长，每次填写简历中的特长我都不知道填什么；②和身边的人比较，我觉得我的优势很明显；③我有非常明确的兴趣和爱好。

检查一下，这10道题有几道题你选择了①，如果选择①的题超过了6道，你可能不适合创业，接下来的练习则可以不做。当然，不成为创业者也挺好，社会并不需要每个人都成为创业者。

接下来，回答一下问题，请一定把答案在空白处写下来，可以认真思考，最好不要超过20分钟。

“我想成为创业者吗？”若是，请写下理由或者关键词。

“我想成为创业者吗？”若不是，请写下理由或者关键词。

测试说明：本练习可以个人独立完成，也可以邀请同学或朋友和你一起完成，给你出主意，帮你参谋。本练习也适合非创业者练习。

主题活动六

十根筷子的力量——团队建设

活动导航

“一个篱笆三个桩，一个好汉三个帮。”每个人的能力都有一定限度，善于与人合作的人，能够弥补自己能力的不足，达到自己原本达不到的目标。在创业的过程中也是这样，团队成员间相互依存、彼此宽容、遵守承诺，尊重个性的差异，相互帮助和共同提高，形成良好的合作氛围，从而提高团队业绩。

本次活动基于以上需求，设计“团队建设”创业认知活动课，让学生亲身感受创业过程中团队建设的重要性，并学会如何组建团队。

任务设计

活动主题：组建创业团队　应对创业风浪

活动地点：校外拓展训练基地

活动介绍

本次活动是一次学生自主组建创业团队，模拟团队运作的体验认知活动，学生在老师的引领下，认知创业团队的相关知识，掌握创业团队的构成要素以及团队的建立机制，成立虚拟创业团队，模拟团队的运营与管理，从而使学生能明确创业过程中团队建设的重要性，帮助学生理性把握创业团队的运作原理和机制，做好团队的管理，为以后的创业打好基础。

学习目标

1. 了解创业团队的组成要素，一般创业团队的类型，团队成员的角色划分。

2. 明确创业团队的组建形式，掌握创业团队的建立机制。

3. 根据创业团队的组建程序，以小组为单位，组建一支完整的创业团队，明确成员角色，并以此为基础，做好团队后期的管理与运行。

准备工作

1. 学生通过课前查找资料，对创业过程中创业团队的概念、组建的重要性已形成初步认知，初步了解了创业团队的组建程序。

2. 做好班级学生的小组分工、职责划分和任务分配。

3. 提前设计小组体验活动任务表和准备好评价表及笔、笔记本等文具。

4. 做好体验活动的安全教育工作。

时间计划

1. 教师讲解活动注意事项和任务要求。(10分钟)

2. 以小组为单位，根据创业团队的任务要求，分别划分不同的创业团队，对接不同的创业任务(20分钟)

3. 团队分为若干小组，分别根据任务布置和学习目标组建不同的创业团队，做好角色分工及职责划分，保证团队运转。(100分钟)

4. 小组成员汇集、讨论活动体验的收获，交流心得。(20分钟)

团队分工

1. 班级成员按人数分配，按照“七巧板”游戏方式组成团队，每组5人。

2. 选定组长，组长轮值，负责指挥小组整个活动流程，与老师进行细节协调。

3. 选定小组记录员，负责填写小组活动评价表，并记录经民主测评后的小组成员表现计分。

其他成员服从指挥，听从安排，按要求完成任务。

任务完成

1. 根据活动体验，团队成员开展小组讨论，交流活动收获及心得，发表各自观点。

2. 小组成员完成活动任务报告。

3. 小组记录员与教师完成团队活动评价表和小组成员评价表。

表6–1 活动任务书

<table>
<tr><td>任务名称</td><td></td><td>小组名称</td><td></td></tr>
<tr><td>活动日期</td><td></td><td>活动地点</td><td>校外拓展训练基地</td></tr>
<tr><td>小组成员</td><td></td><td>指导教师 / 被调查人</td><td></td></tr>
<tr><td>课前任务及完成情况</td><td colspan="3">（此处可记录、可张贴）</td></tr>
<tr><td>课中活动过程</td><td colspan="3">（一）本次活动的注意事项（由小组组长在布置活动任务前填写）

（二）任务要求
1. 预习教材知识点拨。
2. 小组成员讨论确定模拟创业目标，并根据创业目标确定创业核心人员角色。
3. 根据创业核心人员角色，每人发表3分钟即兴演讲，竞争不同角色，演讲内容主要包括自我介绍、教育工作经历、个人特长、对创业项目的理解等方面。
4. 根据个人演讲投票产生创业角色，完成职责划分。
5. 根据不同角色，团队成员完成创业模拟任务计划，并模拟一天的运营。
6. 小组头脑风暴，总结活动任务完成过程中所遇到的问题、解决的方法，以及学习收获。
（三）任务解决方案
1. 解决方法：调研法、实践法、模拟练习。
2. 解决过程：
（1）小组内角色任务认领。
（2）明确各自的职责和任务。
（3）角色任务模拟。
（4）总结汇报要点。</td></tr>
<tr><td>活动成果</td><td colspan="3">知识收获：

能力收获：

情感素质收获：</td></tr>
<tr><td>课后反思及活动剪影</td><td colspan="3"></td></tr>
</table>

知识点拨

一、创业团队的组成要素

一般认为，创业团队是指在创业初期（包括企业成立前和成立早期），由一群才能互补、责任共担、愿为共同的创业目标而奋斗的人所组成的特殊群体。

一般来说，创业团队需要具备以下五个重要的组成要素。

共同的价值观：共同的价值观是团队的核心和基石，是团队的灵魂，也是维系团队发展的精神支柱。它对创业团队来说更为重要，具有导向、凝聚、约束和激励的作用。

目标及计划：创业团队应该有一个既定的共同目标，为团队成员导航。没有目标，创业团队就没有存在的价值。目标在初创企业的管理中常以初创企业的远景、战略等形式体现。目标包括总目标以及各种实现总目标的计划。

团队成员：人是构成创业团队最核心的要素。在一个创业团队中，不同的成员通过分工来共同完成创业团队的目标。团队的规模不宜过大，冗余人员可能会令整个团队的高效运转变成一纸空谈。但是，团队的成员也不宜过少，不然团队应有的功能以及优势就无法实现。

团队定位：创业团队的定位包含两层意思，一是团队的定位，包括创业团队在初创企业中处于什么位置，创业团队最终应对谁负责等；二是团队成员的定位，包括个体作为成员在创业团队中扮演的角色等。

权限划分：创业团队内部的权限需要正确划分，这样做的目的是保证创业计划的顺利进行和各项工作的有效进展。在权限划分中，创业团队应该明确每个成员在企业运营中所拥有的权力和要承担的职责。对于创业学生来说，一方面缺乏经验，另一方面经济形势瞬息万变，这有可能让创业团队不断出现人员调整。因此，各成员的权限也应在这个过程中不断地调整。

二、创业团队的构成

1. 初始合伙人团队

由在创业初期就投资并参与创业行动的多个个体组成。初始合伙人团队知识、技术和经验往往是企业所具有的最有价值的资源。正是由于这个原因，人们经常通过评估初始合伙人团队的素质来预期企业未来发展的前景，这些素质特征包括受教育程度、前期创业经历、相关产业经验、社会网络关系等。

2. 董事会

如果创业者计划创建一家公司制企业，就需要按规定成立董事会——由公司股东选举产生以监督企业管理的个人小组。董事会一般由内部和外部董事构成。如果处理得当，公司董事会能够成为新创企业团队的重要组成部分，可以通过提供指导和增加资信两种方式帮助新企业有一个良好的开端并形成持久的竞争优势。

3. 专业顾问

在许多情况下，创建者还需要依靠一些专家顾问，通过与他们的互动交流获取重要的建议和意见。这些专家顾问通常都是创业团队的重要组成部分，在外围发挥着重要作用。例如，顾问委员会是对企业经营提出建议的专家小组；贷款方和投资者会为企业提供有用的指导和资信，咨询师可以对专利、缴税计划和安全规章等复杂问题提供建议。

4. 团队成员的角色划分

创业初期团队人员一般会很少，但必要的分工却不能少。创业团队组建时，需要根据团队类型及机构物色成员，实行分工协作。一个协作团队只有具备了范围适当、作用平衡的团队角色，才能充分发挥高效的协作优势。

研究显示，创业团队中的角色通常有八种类型，见表6–2。在创业团队组建的时候，成员的权限和定位应该根据自身的优势和劣势来分配，从而实现人尽其才。

表6–2 团队角色划分

角色	典型特征	优点	缺点
实干者	非常现实、传统甚至有点保守，他们崇尚努力，计划性强。喜欢用系统的方法解决问题；实干者有很好的自控力和纪律性。对团队忠诚度高，为团队整体利益着想而较少考虑个人利益。	有组织能力、务实，能把想法转化为实际行动；工作努力、自律。	缺乏灵活性、可能会阻碍变革。
协调者	协调者能够引导一群不同技能和个性的人向着共同的目标努力。他们代表成熟、自信和信任，办事客观，不带个人偏见；除权威之外，更有一种个性的感召力。在团队中能很快发现各成员的优势，并在实现目标的过程中能妥善运用。	目标性强，待人公平。	个人业务能力有待提高，容易将团队的努力归为己有。
推进者	说干就干，办事效率高，自发性强，目的明确，有高度的工作热情和成就感；遇到困难时，总能找到解决办法；推进者大都性格外向且干劲十足，喜欢挑战别人，好争斗，而且一心想取胜，缺乏人际间的相互理解，是一个具有竞争意识的角色。	随时愿意挑战传统，厌恶低效率，反对自满和欺骗行为。	有挑衅嫌疑，做事缺乏耐心。
创新者	创新者拥有高度的创造力，思路开阔，观念新，富有想象力，是“点子型的人才”。他们爱出主意，其想法往往比较偏激和缺乏实际感。创新者不受条条框框约束，不拘小节，难守规则。	有天分，富于想象力，智慧，博学。	不太关注工作细节和计划，与别人合作时喜欢过分强调自己的观点。

（续表）

角色	典 型 特 征	优点	缺点
信息者	信息者经常表现出高度热情，是一个反应敏捷、性格外向的人。他们的强项是与人交往，在交往的过程中获取信息。信息者对外界环境十分敏感，一般最早感受到变化。	有天分，富于想象力，智慧，博学。	当初的兴奋感消逝后，容易对工作失去兴趣。
监督者	监督者严肃、谨慎、理智、冷血质，不会过分热情，也不易情绪化。他们与群体保持一定的距离，在团队中不太受欢迎。监督者有很强的批判能力，善于综合思考、谨慎决策。	冷静、判别能力强。	缺乏超越他人的能力。
凝聚者	是团队中最积极的成员，他们善于与人打交道，善解人意，关心他人，处事灵活，很容易把自己同化到团队中。凝聚者对任何人都没有威胁，是团队中比较受欢迎的人。	随机应变，善于化解各种矛盾，促进团队合作。	在危机时刻可能优柔寡断，不太愿意承担压力。
完美者	具有持之以恒的毅力，做事注重细节，力求完美；他们不大可能去做那些没有把握的事情；喜欢事必躬亲，不愿授权；他们无法忍受那些做事随随便便的人。	坚持不懈，精益求精。	容易为小事而焦虑，不愿放手，甚至吹毛求疵。

四、创业团队的类型

一般来说，创业团队大体上可以分为星状创业团队、网状创业团队和虚拟星状创业团队。

（一）星状创业团队

一般在团队中有一个核心主导人物，充当了领军的角色。这种团队在形成之前，一般是核心主导人物有了创业的想法，然后根据自己的设想进行创业团队的组织。因此，在团队形成之前，核心主导人物已经就团队组成进行过仔细思考，根据自己的想法选择相应人物加入团队，这些加入创业团队的成员也许是核心主导人物以前熟悉的人，也有可能是不熟悉的人，但其他的团队成员在企业中更多时候是支持者角色。

星状创业团队的特点：

1. 组织结构紧密，向心力强，主导人物在组织中的行为对其他个体影响巨大。

2. 决策程序相对简单，组织效率较高。

3. 容易形成权力过分集中的局面，从而使决策失误的风险加大。

4. 当其他团队成员和主导人物发生冲突时，因为核心主导人物的特殊权威，使其他团队成员在冲突发生时往往处于被动地位，在冲突较严重时，一般都会选择离开团队，因而对组织的影响较大。

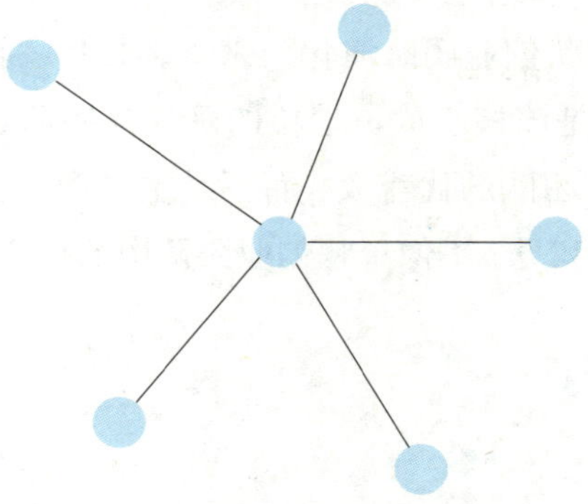

图6-1　星状创业团队

（二）网状创业团队

这种创业团队的成员一般在创业之前都有密切的关系，比如，同学、亲友、同事、朋友等。一般都是在交往过程中，共同认可某一创业想法，并就创业达成了共识以后，开始共同进行创业。在创业团队组成时，没有明确的核心人物，大家根据各自的特点进行自发的组织角色定位。因此，在企业初创时期，各位成员基本上扮演协作者或者伙伴角色。

网状创业团队的特点：

1. 团队没有明显的核心，整体结构较为松散。

2. 组织决策时，一般采取集体决策的方式，通过大量的沟通和讨论达成一致意见，因此组织的决策效率相对较低。

3. 由于团队成员在团队中的地位相似，因此容易在组织中形成多头领导的局面。

4. 当团队成员之间发生冲突时，一般都采取平等协商、积极解决的态度消除冲突。团队成员不会轻易离开。但是一旦团队成员间的冲突升级，使某些团队成员撤出团队，就容易导致整个团队的涣散。

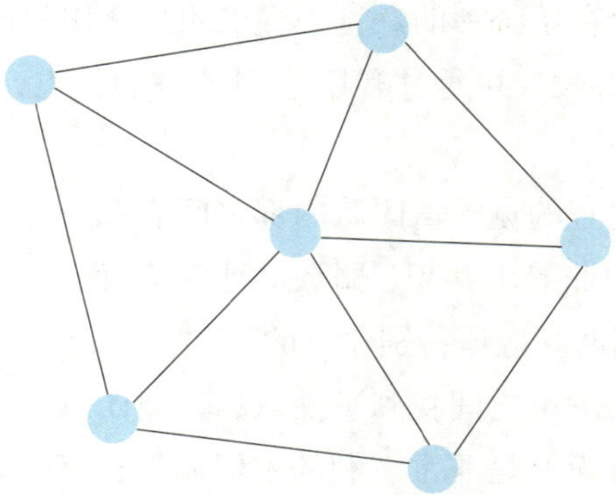

图6-2　网状创业团队

（三）虚拟星状创业团队

这种创业团队是由网状创业团队演化而来，基本上是前两种的中间形态。在团队中，有一个核心成员，但是该核心成员地位的确立是团队成员协商的结果，因此核心人物某种意义上说是整个团队的代言人，而不是主导型人物，其在团队中的行为必须充分考虑其他团队成员的意见，不像星状创业团队中的核心主导人物那样有权威。

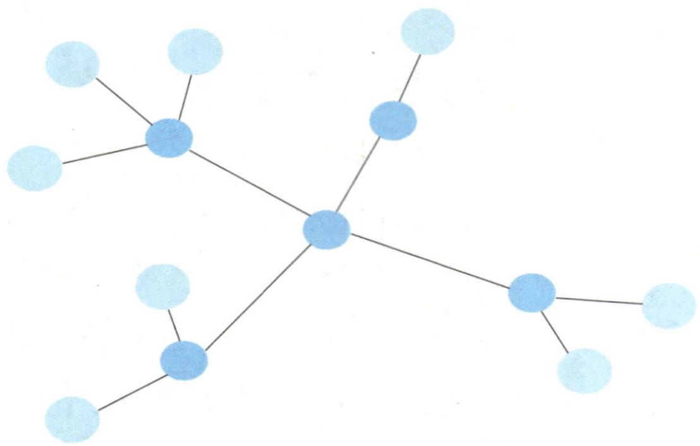

图6-3　虚拟星状创业团队

虚拟星状创业团队的特点：

1. 整体结构松紧结合，团队成员有核心，并且核心人物有可能发生变化。

2. 组织决策较为民主，但是核心成员对决策的影响比较大。

3. 相比较而言，该类型成员之间关系融洽，只有在团队内部冲突极为剧烈，冲突双方各有核心人物且观点相异时，才会导致团队的涣散。

五、创业团队的管理

创立一个公司，除了着眼于业务发展，对员工的管理也非常重要，如何应对和解决创业团队发展过程中的各种矛盾和冲突，发挥团队的互补优势，带领团队不断奋进，需要遵循如下原则：

1. 打造一个合作式创业团队。意见不统一是创业团队内部非常常见的一种现象，而一个合作式创业团队会在不统一的意见中寻求团队合作的可能性。合作式创业团队会主动寻找每个成员的特长，并通过利用他们各自的优点，将团队的最大潜力发掘出来。

2. 避免团队内部不适宜的竞争。团队内部之间有意见分歧是正常的，但如果这种分歧演变成了过度竞争而非寻求共识，那么这种竞争就会成为危害团队的负面行为。这是团队管理者在管理团队时应该特别注意的。

3. 在集思广益和果断决策之间找到平衡点。创业团队要广泛听取每个人的意见，这对团队做出正确的决策无疑是非常有利的。但如果过度强调团队内的意见表达，则有可能会出现“议而不决”的情况。所以，在团队内部的讨论中，团队管理者要适时推进团队落实决议。

4. 确立团队的目标。团队的目标不宜太多，否则会使团队成员很难集中精力完成任务。在确立团队目标时，可以利用 SMART 原则。

S——清晰明确：团队的目标要有明确的范围、程度、时间和效果等。

M——可量化：团队的目标应该是可以用某种标准来衡量的。

A——可分配：团队目标的实现是可以具体分配给某个人或某些人去完成的。

R——可实现：团队目标要切实可行，同时要具备足够的资源。

T——有时限：团队目标的实现时间要明确。

5. 适时调整团队的构成。完善的团队结构的建立并不是一蹴而就的，需要经过实践不断调整和磨合。另外，随着企业的不断成长、企业的重新定位等原因，原有的团队组合也有可能不再适应新的企业的管理要求。所以，创业团队在任何阶段都有可能不断调整结构，不断发生变化。

六、创业团队的协作

团队有时就像机器一样，需要互相协作才能运行，协作是团队凝聚力的基石。要让团队成员之间互相配合，好好协作，需要遵循以下几点要求：

1. 统一解读团队价值观。价值观对于个人来说具有导向作用，一个人想做什么，怎么做，在很大程度上是个人价值观的体现。对于企业也是如此，企业的价值观是企业内部所有员工做事的理念、行动的指南、努力的方向。统一的价值观就是所有员工思想意识层面的价值取向总是一致的，并且所表现出来的言行与之吻合。统一的价值观是企业业绩的基础，是团队最大的凝聚力，一个团队只有目标一致了，成员才能同心协力朝着共同的方向前进，才能实现组织的目标。

2. 构建良好的团队文化。良好的团队文化是能够降低团队成员之间隔阂与矛盾的有效方法，并且对团队凝聚力的提升有着潜移默化的影响。良好的团队文化对团队建设的正面效应表现在它能够令各成员更加尊重和彼此信任，团队成员之间的关系会因此变得更加协调，让整个团队紧紧地凝聚在一起，最终将团队竞争力提升到一个全新的高度。

3. 建立公平有效的激励机制。切实可行的激励机制对处理团队初期的矛盾和冲突是必不可少的。激励机制包括荣誉和报酬等。荣誉包括成员的成就感和地位，甚至包括收到尊重和承认等感觉；关于成员的报酬，合理的分配是让成员忠于团队的必要条件。有效地利用荣誉和报酬两种激励制度，是维系创业团队正常运行的有效手段。

4. 组织必要的团队活动。团队活动是让团队成员之间互相了解的平台之一。社交活动也是一种团队活动，正式组织或者随意安排的都可以。例如，为员工庆祝生日，为老员工举办周年纪念等等。通过这些活动，可以让成员间更好地相互了解，培养感情，融合成一家人。融洽的感情在关键时期会起重要作用，能帮助团队披荆斩棘、乘风破浪、共渡难关。

任务评价

表6-3 “七巧板”团队合作评价表

学校：________ 班级：_______ 小组：_________ 时间：_________

<table>
<tr><td>小组名称</td><td colspan="6"></td></tr>
<tr><td>组长</td><td></td><td>组员</td><td colspan="4"></td></tr>
<tr><td>活动起止时间</td><td colspan="2"></td><td>指导老师</td><td colspan="3"></td></tr>
<tr><td rowspan="5">组长的管理和沟通能力</td><td colspan="3">评 价 项 目</td><td>自评</td><td>互评</td><td>师评</td></tr>
<tr><td colspan="3">1. 组长能积极地为小组服务。</td><td></td><td></td><td></td></tr>
<tr><td colspan="3">2. 能平均、合理地分配任务。</td><td></td><td></td><td></td></tr>
<tr><td colspan="3">3. 能做好材料的收集、整理工作。</td><td></td><td></td><td></td></tr>
<tr><td colspan="3">4. 能做好与老师和小组成员的沟通。</td><td></td><td></td><td></td></tr>
<tr><td rowspan="4">团队合作能力</td><td colspan="3">1. 每个成员都能积极地参与小组活动。</td><td></td><td></td><td></td></tr>
<tr><td colspan="3">2. 每个成员都有自己明确的任务，并能认真地完成任务。</td><td></td><td></td><td></td></tr>
<tr><td colspan="3">3. 小组成员间能认真倾听，互助互学。</td><td></td><td></td><td></td></tr>
<tr><td colspan="3">4. 小组合作氛围愉快，合作效果好。</td><td></td><td></td><td></td></tr>
<tr><td colspan="7">小组活动中遇到哪些困难？怎样克服？（要求填写具体的事情和详细的解决办法）</td></tr>
<tr><td colspan="7">小组活动中谁在观察、记录、分析、讨论、总结方面表现最突出，他（她）的具体表现有哪些？</td></tr>
<tr><td colspan="7">小组活动中存在哪些不足（比如观察、记录、分析等）？怎样改进？</td></tr>
</table>

表6-4　学生评价表

班级：________ 小组：__________ 时间：__________ 姓名：__________

评价内容		自评	互评	师评
参与态度	1. 认真参加活动，对活动始终保持浓厚的兴趣。	☆	☆	☆
	2. 能积极学习各种电脑、网络知识，能利用网络与他人进行交流。	☆	☆	☆
	3. 能发挥自身的优势为团队提供必不可少的帮助，努力完成自己承担的任务。	☆	☆	☆
协作精神	4. 能积极配合小组开展活动，服从安排。	☆	☆	☆
	5. 能积极地与组内、组间成员交互讨论，能完整、清晰地表达想法，尊重他人的意见和成果。	☆	☆	☆
	6. 在活动中，能与大家互相学习和帮助，促进共同进步。	☆	☆	☆
创新和实践	7. 有强烈的好奇心和探索欲望。	☆	☆	☆
	8. 在团队遇到问题时，积极思考，能提出合理的解决方法。	☆	☆	☆
	9. 活动中，能发挥个性特长，施展才能。	☆	☆	☆
能力提高	10. 活动中，能运用多种渠道收集信息。	☆	☆	☆
	11. 在活动中遇到问题不退缩，并能自己想办法解决。	☆	☆	☆
	12. 与他人交往沟通的能力得到提升。	☆	☆	☆
总体体会	我的收获是：			
	我的感受是：			
	我还需努力的是：			

A 等，五颗☆；B 等，四颗☆；C 等，三颗☆；D 等，二颗☆及以下。

拓展训练

课堂游戏：叠纸杯

简要描述：

本练习是个人与小组游戏，目的是帮助学生理解并掌握组建创业团队的关键问题，本练习要求学生分别以个人和小组形式在规定时间内完成叠纸杯游戏，该游戏具有竞赛性，目的是让学生在游戏过程中体验如何组建创业团队。

材料清单：

1. 教具物品清单：一次性纸杯182个，大号纸杯效果更佳。

2. 教室组织设计：有摆放纸杯的桌子，摆放区域可以让全班同学看到。

步骤一：动员

学生：在班里选出四名学生，让他们比赛，看谁在最短的时间摆好并收起。

规则：用28个杯子组成金字塔，每一层都比下面一层少一个杯子，然后将纸杯金字塔拆解，收起杯子，还原成最初套在一起的一摞形式，再放回桌面。花费时间最少者为赢家。

要点：教师需要介绍清楚比赛的过程，并示范确切的金字塔结构。

注意：有一个供考评的设计，强调每一个人按照结构要求摆放和收回杯子的速度。

步骤二：个体行动

参赛学生：站在整个教室或教学空间的明显位置进行比赛，保证所有学生都能清楚看到。

教师：和志愿者学生一起做好计时工作，宣布比赛开始和结束命令，评出获胜者，并简要点评他们行动的战略方式、结果和彼此之间的速度差异。

步骤三：讨论

为什么（获胜者）能够拿第一？如何能够快人一步？

在行动过程中，获胜者有哪些方面值得学习？参赛者有哪些方面应该尽量避免？

向另外三名挑战者提出问题：如果重新再比赛一次，打算改变的地方有哪些？

步骤四：团队行动

参赛学生：从刚才参加竞赛的四名学生中邀请两名速度最快的参赛者，告诉他们现在将要进行的是团队竞争，需要他们选3名合作者，每个团队需要做的工作和刚才一样。

规则：合作者选择范围包括刚才个体竞赛中另外两名选手和班里其他人，摆放杯子和比赛考评规则不变，关注每个团队按照结构要求摆放和收回杯子的速度。

教师：给每个团队91个杯子（提前清点并准备好），让团队尽可能快地开始比赛。

注意：由于金字塔的高度以及整个任务的复杂程度，会出现一些可预见的混乱和浪费时间的情况。

步骤五：讨论

为什么（获胜团队）能够拿第一？如何能够快人一步？

在行动过程中，获胜团队有哪些方面值得学习？参赛团队有哪些方面应该尽量避免？

向未获胜团队提出问题：如果重新再比赛一次，打算改变的地方有哪些？四个人91个杯子和一个人28个杯子对挑战者的影响有什么不同？（关键问题）

从上述练习中可以得到哪些可供创业团队借鉴的启示？

步骤六：小结

为学生播放世界飞叠杯锦标赛（WSSA）获胜者和获胜团队的简短视频，小结讨论要点。

启发思考：

让学生认识创业团队与一般群体、创业团队角色以及创业团队学习等问题。

小结关注的核心问题包括以下几个方面：

1. 组建创业团队只是为了找到志同道合的人吗？
2. 创业团队组建和运行应该注意哪些问题？
3. 创业团队的领导者发挥什么作用？

活动目的：此活动目的在于让学生在游戏过程中体验如何组建创业团队，帮助学生理解并掌握组建创业团队的关键。

主题活动七

创意木工坊——创意训练

活动导航

在创业过程中，从形成创意、发现创业机会，到组织社会资源开发产品或服务并提供产品或服务，再到设计产品或服务的营销策略、盈利模式或商业模式等，都需要创业者创新、富有创造力地完成。在这个创新创造过程中，灵感产生与创意激发往往扮演着重要角色，而很多好的创业机会往往来源于创业者的灵光一闪。

本次活动为激发学生创新思维，完成一件创意设计作品开展活动课，让学生通过构思、设计并亲手完成一件创意作品，体验创意、灵感的产生，引导学生认识创新思维，并意识到创新思维是可以通过训练获得的一种能力。

任务设计

活动主题：木工产品小设计　创意训练大学问

活动地点：校外创意木工坊实践基地

活动介绍

本活动将主要在校外的创意木工坊实践基地完成。老师带领学生深入创意木工坊设计车间，激发学生的自主创新和灵感产生，引领学生构思、设计并完成一个创意设计木工作品，感受灵感和创意的来源，意识到创新思维训练是可以启发灵感和创意的，掌握创新思维的训练方法，培养学生创新创造意识和能力。

学习目标

1. 了解创意的实质及创意激发的要素，能够对创意产生及激发要素有基本认知。
2. 认知创意激发的方法，不断领会这些方法并内化于心。
3. 掌握创新思维的表现形式，学会创新思维训练方法，反复运用，培养形成初步的创新思维能力。

准备工作

1. 学生通过网络等资源，预习教材知识点拨相关知识，搜集创意设计作品、创新思维训练的相关案例和资料，对创意激发、创新思维训练的理论框架和实践形成初步认知。

2. 做好班级学生的小组分工、职责划分和任务分配。

(1)分小组搜集完成创意设计作品，小组内展示并讨论。

(2)完成一件木工创意设计作品。

3. 提前设计小组体验活动任务书，准备好评价表及笔、笔记本等文具。

4. 做好体验活动的安全教育工作。

时间计划

1. 教师讲解活动注意事项和任务要求。(10分钟)

2. 团队分别根据任务布置和学习目标分小组到创业实践基地开展活动，完成任务。(30分钟)

3. 到创意木工坊实地完成已构思和设计好的创意木工设计作品。(120分钟)

4. 展示小组设计完成的作品，邀请实践基地创业导师、教师和小组长进行评价。(30分钟)

5. 小组成员头脑风暴，讨论活动体验的收获，交流心得，完成活动任务书。(20分钟)

表7–1 活动任务书

任务名称		小组名称	
活动日期		活动地点	校外创意木工坊创业实践基地
小组成员		指导教师 / 被调查人	
课前任务及完成情况	(此处可记录、可张贴) 联系创意木工坊实践负责人，确定本次活动的地点和时间。		

（续表）

课中 活动 过程	（一）本次活动的注意事项（教师布置活动任务后由组长填写） （二）任务要求 1. 预习教材知识点拨。 2. 网络调研创意设计作品典型案例和相关知识。 3. 在创意木工坊实践基地完成一件创意设计作品，并进行展示、评价。 4. 完成访谈任务和活动任务书，实现理论知识与实践的融合学习。 5. 小组头脑风暴，总结活动任务完成过程中所遇到的问题、解决的方法，以及学习收获。 （三）任务解决方案 1. 解决方法：调研法、访谈法和实践法。 2. 解决过程： （1）网络调研创意设计作品。 （2）完成初步的创意设计作品雏形。 （3）在实践基地实现创意作品的成型。 （4）访谈创意工坊的创业导师。 （5）整理调研和创意设计作品完成过程中的各种资料。 （6）小组总结、分析、分组汇报要点。
活动 成果	知识收获： 能力收获： 情感素质收获：
课后反 思及活 动剪影	

团队分工

1. 班级成员按人数分配，按照“七巧板”游戏方式组成团队，每组5人。

2. 选定组长，组长轮值，负责指挥小组整个活动流程，与老师进行细节协调。

3. 选定小组记录员，负责填写小组活动评价表，并记录经民主测评后的小组成员表现计分。

4. 其他成员服从指挥，听从安排，按要求完成任务。

任务完成

1. 根据活动体验，团队成员开展小组讨论，交流活动收获及心得，发表各自观点。

2. 小组成员完成活动任务书和创意设计作品报告。

3. 小组记录员与教师完成团队活动评价表和小组成员评价表。

知识点拨

一、创意的实质

（一）创意的内涵

创意思维，又称创造性思维，是指人脑对客观事物本质属性与内在联系的概括和间接反映，以新颖、独特的思维活动揭示客观事物本质及内在联系，指引人们获得对问题的新的解释，从而产生新的思维成果的过程。

（二）影响创意激发的要素

斯坦福大学蒂娜·齐莉格教授构建了创意引擎模型。该模型提出影像创意激发的六种要素：知识、想象、态度、资源、环境和文化。

知识、想象和态度属于内部因素。知识储备是发挥想象的基础，个体对特定领域

图7－1　创意激发模型

了解得越多，发挥想象时就越有据可依，越有可能产生非凡的创意。想象是将已有知识转化为新想法的催化剂，没有了想象，知识只能是一潭死水，无法衍生出新东西。态度是点燃创意引擎的一把火，如果没有能实现创新的必胜信念，创意引擎就无法被点燃。

资源、环境和文化属于外部因素。资源指所在团体内一切可利用的东西。知识与资源之间是相辅相成的关系，了解的知识越多，对资源的认知和利用就越充分。环境指所处的生活环境，比如家庭、学校或者办公室。根据创意引擎模型，环境因素与想象对应，因为我们创建的外部环境正是内在想象的直观反映。我们根据内在的想象来构建外部环境，反过来，外部环境会加深或弱化我们内在的想象。文化指所在团体体现出来的集体信仰、观念和行为，每个人都深受集体文化的影响，崇拜集体推崇的英雄模范，警惕集体鄙视的言行，遵守集体制定的规章制度。文化与态度在创意引擎模型中处于相对应的位置，因为文化就是一个地区或团体对待世界的集体观念。

二、创意激发方法

围绕创意引擎模型中的想象、态度和资源、环境因素，蒂娜·齐莉格在《斯坦福大学最受欢迎的创意课》中提出几种创意激发的方法。

（一）充分发挥想象

1. 换个角度看问题

“1+1 等于几”这个问题的答案，不同的人会有不同的想法。站在不同的角度看问题，答案会是千差万别。角度不同，看到的风景就不同。

2. 把不相干的事物联系起来

创新的关键在于把互不相关或联系不大的事物结合起来，产生新的事物或思路。如把动物卡通形象与食物联系起来，可以产生能吃的动物饼干。

3. 观念碰撞、交流与融合

创新很多时候是社交活动的产物，需要人与人之间的沟通与交流，阿里公司经常举行员工之间的头脑风暴交流会，增加员工之间相互交流、碰撞的机会，提高公司的创新能力。

4. 类推法促进创新

事物之间往往会表现出相同的特征与规律。从日常生活出发，经过类推，往往可以发现事物之间的共性，找到问题的解决方法。如飞机、雷达等的发明得益于仿生学的研究。

5. 不满足于只想出一个办法

大多数人在解决问题时只要想出一个办法就停止思考，尽管可能还有其他更好的办法，Think 智力资本公司的合伙创始人蒂姆·赫森提出，解决问题有三种境界：第一种境界是轻易满足于已找到的解决办法，就此止步；第二种境界是继续探索，直到找到更好的也许仍缺少创意的方法；第三种境界是不懈努力，直到发现新颖、高效的解决方法，这是最难到达的境界。

6. 积极的情感体验提升想象

积极的情感体验可以提升人们的想象。通过让技术人员、管理人员等擅长逻辑思维的人倾听能够产生共鸣的音乐、尝试创作诗歌等，可以帮助他们跳出理性逻辑的束缚，依靠情感逻辑认识事物，获得创造灵感。

7. 细致的观察力与质疑能力

细致的观察力与对现状质疑的能力是深入了解世界的一个重要途径，是所有发明创造的起点。对周围的事物永远保持一份好奇心，经常问为什么、是否有更好的方式方法实现目标，把观察到的结果及时记录下来，对培养观察力十分重要。

（二）采取积极态度

1. 大胆尝试

只有大胆尝试，才会有创意产生。人生本就是一个不断尝试、不断失败、不断成长的过程。只有足够多的尝试才会产生伟大的创新。每一次成功的创新背后都是无数次的尝试、无数次的淘汰。

2. 阳光心态

斯坦福大学商学院教授巴巴·希弗发现，人们在面对挑战时往往有两种明显不同的反应：一种是人们完全被挑战中的风险吓住，另一种是人们深深地被挑战可能带来的成功所吸引。第一类人被害怕失败的心态主导，不敢抓住现有的机会，也很难产生解决问题的创意，从而很难成功；而第二类人具有一种积极主动追求成功的阳光心态，将注意力放在发掘资源和解决问题上，通过不懈坚持与探索，最终能够发现好的创意，成功实现目标。

（三）营造激发创意的氛围

要想创造一种开放的、激发创造性思维的环境，各种细节不能忽视。这些细节包括颜色、背景音乐、空间大小、天花板的高度、办公桌椅类型、布置是否富于变幻、室外视野及环境等。

最新研究表明，不同的颜色对人的认知和行为会产生不同的影响。如红色让人做事情更专注、更准确，蓝色更易激发创造性思维；更大的空间往往让人更具有创意，室外视野宽广以及充满绿色等往往能给人更积极的影响。总之，舒适放松的环境、充分的交流与沟通等有利于创意的激发和产生。

（四）不断克服困难

压力对于初创企业并不总是坏事，它会逼迫企业在种种约束中借助丰富的创意思维将困境转化为机遇。而没有压力时，企业作决策将有失客观，在研发产品时将显得循规蹈矩、缺乏创意。

（五）建立创新文化

一个充满活力、富有创新精神的企业，首先要培养一种重视尝试、鼓励尝试、敢于尝试的企业文化，积极鼓励员工尝试探索，努力营造“大胆尝试、敢于失败”的文化氛围。

三、创新思维的含义

思维是人脑的机能，是人类认知的高级阶段，是从社会实践中产生的认识活动过程。具有能动性的思维是人在提出问题、解决问题过程中的内在心理活动。

创新思维是思维的高级形态，表现为思维的跳跃，是在人的思考中实现超越，与常规思维相比，创新思维的最大特点在于它的流畅性、变通性和独创性。凡是能想出新点子、创造出新事物、发现新路子的思维都属于创新思维。

创新思维的障碍主要有三个：思维定式（按一定模式、常规进行思维）；思维惯性（按一定习惯、传统进行思维）；思维封闭（按固定的、落后的模式进行思维）。

四、创新思维的分类

（一）逻辑思维与非逻辑思维

逻辑思维是指符合某种人为制定的思维规则和思维形式的思维方式，也称“抽象思维”或“闭上眼睛的思维”。它主要包括抽象与概括、归纳与演绎、比较与分析与综合、判断、推理、类比等。逻辑思维也是一种按照逻辑规律建立概念之间推理关系的形式化思维，具有规范、严密、确定和可重复等特点。

非逻辑思维是思维活动的高级形式，通常包括直觉、灵感、联想与想象。常具有突发性、模糊性、独创性、非自觉性、意象性及互补综合性等特征。

（二）理性思维与非理性思维

理性思维是一种有明确的思维方向，有充分的思维依据，能对事物或问题进行观察、比较、分析、综合、抽象与概括的思维。理性思维是人类思维的高级形式，是人们把握客观事物本质和规律的一种能力。

非理性思维一般指在直觉、欲望、本能控制下的有情绪参与的思维活动。但非理性思维并不是疯狂的，也不是毫无规律的，而是根植于我们理性大脑认知系统的一套决策方法。

完整的创新思维方式应是理性思维与非理性思维的统一。

（三）发散思维与集中思维

在创造过程中，人们的思维不是仅按一条线索发展，而是从已知信息出发向四面八方扩展，由一种输入得到多种输出，这种思维方式称为“发散思维”，也称“扩散思维”“辐射思维”。发散思维是多维度的、立体的和开放的，具有流畅性、灵活性和独特性。

在解决问题的过程中，尽量运用已有的知识和经验把众多的信息和解决问题的可能性引导到条理化的逻辑序列中，按逻辑思考方式进行加工，从而得到一个正确的解释。这种思维方式称为“集中思维”，也称“收敛思维”。集中思维的特点是从已知的前提条件（如方案、设想、思路及知识、经验等）出发，寻找问题的最佳答案，或找出唯一的解决办法。

综合运用发散思维与集中思维，常常会发现毫不相关的事物间的联系，从而产生创造性设想。

五、创新思维的表现形式

创新思维在表现形式上表现为逆向思维、直觉思维、灵感思维、联想思维、想象思维等多种形式。

（一）逆向思维

逆向思维是指对现有事物或理论进行反方向思考的一种创新思维方式，它是创新思维中最主要、最基本的方式。逆向思维是一种科学、复杂的思考方式，因此在运用时，一定要对所思考的问题有全面、深入、细致的了解，依据具体情况具体分析的原则，决不能犯简单化的毛病。

（二）直觉思维

所谓直觉思维，是指人们不经分析便能迅速地对问题作出合理的判断、分析或指出其答案的一种思维，是在长期的知识积累基础上形成的突变性思维。钱学森认为：“直觉是一种人们没有意识到的对信息的加工活动，是在潜意识中酝酿问题，然后与显意识突然沟通，于是一下子得到了问题的答案”。

（三）灵感思维

灵感思维是指新思想的突然闪现，强调了观念的突发性、瞬间性及新颖性。在日常生活中，我们常用“急中生智”“醍醐灌顶”“灵机一动”等词语来形容灵感的爆发。灵感能够加速人们在创新思维中出现的质变，完成创新的迅速实现。

（四）联想思维

联想就是触类旁通，是形象思维的一种。所谓联想思维，就是人们通过一件事物的触发，将思维迁移到其他事物上。这种思维强调迁移，是一种典型的发散思维。

（五）想象思维

人的大脑不仅能够产生过去感知过的事物形象，而且能够产生过去从未感知过的事物形象。想象是创新发展的翅膀，是人对头脑中已有表象进行加工、改造，创造出新形象的思维过程。想象思维是思维的一种特殊形式，是一种形象思维。想象在创新思维活动中有着重要作用。

六、创新思维训练

要实现创新，除了具备创新思维，掌握创新思维工具也是非常重要的。常用的推动创新的思维方法有思维导图、九宫格、十二方格、头脑风暴、KJ 分析法、5why 分析法等。这些方法中，思维导图是创新思维训练中一种非常有效的方法。

思维导图是英国著名学者托尼·博赞在20世纪60年代提出的一种新型笔记方法。根据托尼·博赞的解释，思维导图以图解的形式和网状的结构存储、组织、优化和输出信息，是大脑自身语言的表现，具有焦点集中、主干发散、层次分明、节点相连等特征，同时由于使用不同的图形、颜色和代码，能帮助人们联想记忆，增强创造性。

（一）思维导图的作用

思维导图能促进大脑发散性思维，作为一种思维训练工具，其作用主要体现在以下几个方面。

第一，训练大脑的发散性思维和形象思维。我们日常的思维方式是一种发散性的思维方式。比如，看到“苹果”这个词，可能马上会想到甜味、苹果树和香蕉等。思维导图这种表达方式就是以某一内容为中心，通过发散性思维来概述具体内容，因此能促进大脑发散性思维。

第二，训练思维的条理性。思维导图的技法符合大脑的天然结构。我们有时读完书后思绪混乱、无头绪，思维导图能帮助我们有条理地对文章内容进行归纳。

第三，培养概括能力。概括能力是人的一种基本思维能力。思维导图在表述方式上要求写在主干与分支上的文字内容是具有高度概括性的词组或短语，最初使用时可能不适应，但经常使用必然会促进概括能力的提高。

第四，培养整体认知能力。我们在阅读的过程中往往只注意到内容的细节，而忽略了主要情节。这反映了我们平时没有整体认知的习惯，另一方面也反映了我们整体认知能力薄弱。思维导图这种表述方式强调的不是细节，而是主体，所以经常运用思维导图有利于培养人的整体认知习惯与能力。

第五，提高学习兴趣。纯文字的表达方式枯燥无味，增加了学习负担。思维导图图文并茂的表述方式有利于调动人们的学习兴趣。

（二）思维导图的制作

思维导图的制作往往不能一蹴而就，一般包含五大步骤。

步骤一：画主题。画主题是思维导图的第一步，也是十分关键的一步，一幅思维导图只有一个主题。

步骤二：找关键词。主题画完了，接下来就该确定思维导图的分支。无论是直接与思维导图主题相连的一级分支，还是与一级分支相连的下级分支，都是由关键词组成的。

步骤三：理分支。寻找关键词只是确定思维导图分支的第一个步骤，还需要做进一步的整理，梳理出思维导图的详细分支。

步骤四：画图。思维导图的组成要素中必不可少的一个部分是图画。离开了图画，思维导图与其他线性笔记也就没有区别了。画图的过程既是同时利用左右脑的过程，也是最大化地利用情绪因素的过程。

步骤五：上色。这是画龙点睛的一个步骤。上色前后思维导图的变化就像是表演魔术一样，那真是“见证奇迹”的时刻。决不要忽视颜色对视觉和大脑的冲击力，它产生的效果会远远超出我们的想象。

图7-2　思维导图的制作步骤

任务评价

表7-2　“七巧板”团队合作评价表

学校：________ 班级：________ 小组：________ 时间：________

<table>
<tr><td>小组名称</td><td colspan="6"></td></tr>
<tr><td>组长</td><td></td><td>组员</td><td colspan="4"></td></tr>
<tr><td>活动起止时间</td><td colspan="2"></td><td>指导老师</td><td colspan="3"></td></tr>
<tr><td rowspan="5">组长的管理沟通能力</td><td colspan="3">评　价　项　目</td><td>自评</td><td>互评</td><td>师评</td></tr>
<tr><td colspan="3">1. 组长能积极地为小组服务。</td><td></td><td></td><td></td></tr>
<tr><td colspan="3">2. 能平均、合理地分配任务。</td><td></td><td></td><td></td></tr>
<tr><td colspan="3">3. 能做好材料的收集、整理工作。</td><td></td><td></td><td></td></tr>
<tr><td colspan="3">4. 能做好与老师和小组成员的沟通。</td><td></td><td></td><td></td></tr>
<tr><td rowspan="4">团队合作能力</td><td colspan="3">1. 每个成员都能积极地参与小组活动。</td><td></td><td></td><td></td></tr>
<tr><td colspan="3">2. 每个成员都有自己明确的任务，并能认真地完成任务。</td><td></td><td></td><td></td></tr>
<tr><td colspan="3">3. 小组成员间能认真倾听，互助互学。</td><td></td><td></td><td></td></tr>
<tr><td colspan="3">4. 小组合作氛围愉快，合作效果好。</td><td></td><td></td><td></td></tr>
</table>

（续表）

小组活动中遇到哪些困难？怎样克服？（要求填写具体的事情和详细的解决办法）
小组活动中谁在观察、记录、分析、讨论、总结方面表现最突出？他（她）的具体表现有哪些？
小组活动中存在哪些不足（比如观察、记录、分析等）？怎样改进？

表7-3 学生评价表

班级：________ 小组：__________ 时间：__________ 姓名：__________

评 价 内 容		自评	互评	师评
参与态度	1. 认真参加活动，对活动始终保持浓厚的兴趣。	☆	☆	☆
	2. 能积极学习各种电脑、网络知识，能利用网络与他人进行交流。	☆	☆	☆
	3. 能发挥自身的优势为团队提供必不可少的帮助，努力完成自己承担的任务。	☆	☆	☆
协作精神	4. 能积极配合小组开展活动，服从安排。	☆	☆	☆
	5. 能积极地与组内、组间成员交互讨论，能完整、清晰地表达想法，尊重他人的意见和成果。	☆	☆	☆
	6. 在活动中，能与大家互相学习和帮助，共同进步。	☆	☆	☆
创新和实践	7. 有浓厚的好奇心和探索欲望。	☆	☆	☆
	8. 在团队遇到问题时，积极思考，能提出合理的解决方法。	☆	☆	☆
	9. 活动中，能发挥个性特长，施展才能。	☆	☆	☆
能力提高	10. 活动中，能运用多种渠道收集信息。	☆	☆	☆
	11. 在活动中遇到问题不退缩，并能自己想办法解决。	☆	☆	☆
	12. 与他人交往沟通的能力得到提升。	☆	☆	☆
总体体会	我的收获是：			
	我的感受是：			
	我还需努力的是：			

A 等，五颗☆；B 等，四颗☆；C 等，三颗☆；D 等，二颗☆及以下。

拓展训练

图7-3 换个角度看世界一

问题：

1. 仔细观察上图7-3，你会得出怎样的结论？
2. 搜集相关创新思维训练的题目，编辑小册子。
3. 小游戏：请看图7-4，你发现了什么？

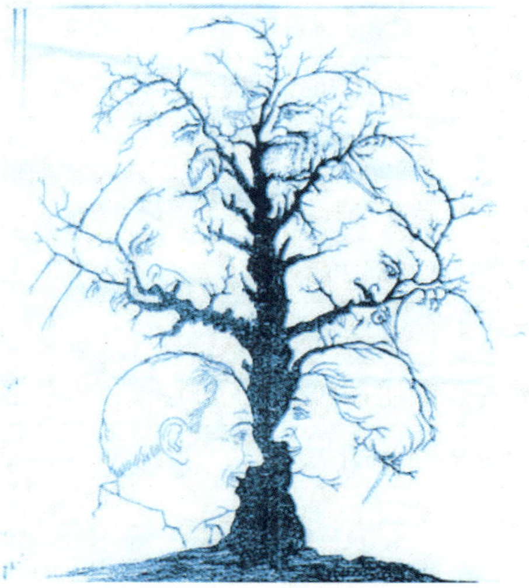

图7-4 换个角度看世界二

活动目的： 此活动目的在于锻炼学生的理论与实践结合的综合运用能力及团队合作协调能力，培养学生的创新思维。

主题活动八

潍坊萝卜去哪了——需求调研

活动导航

自然界潮起潮落是自然规律，海上行船最要遵循顺势而为，尊重自然规律，方能保障行驶安全，顺利到达目的地。因此创业者必须学会判断趋势，谁的目光最远，谁就是未来的领跑者，做好市场调研是初选创业项目时必须认真对待的事情。需求调研的目的主要是了解用户的需求数量和结构及其变化。而消费者的需求数量和结构的变化则受到多方面因素，如人口、经济、社会文化、购买心理和购买行为等影响。对消费者进行调查，除直接了解需求数量及其结构外，还必须对诸多的影响因素进行调查。消费者使用习惯和态度的调研可以提供有关消费者的使用和购买习惯，以及对产品和品牌的态度方面的信息，也可以提供各品牌在市场上的竞争态势方面的信息。有了这些信息，初创者就可以科学地合理安排初创活动的全过程。

本次活动立足本地特色农产品——潍坊萝卜的经济发展，设计“潍坊萝卜去哪了——需求调研”活动课，让学生通过真实市场体验、消费调研活动，学会基本的、简单的市场需求调研方法，真正认识到需求调研对创业机会的识别及创业伊始所具有的重要作用。

任务设计

活动主题： 潍坊萝卜小产品　认知市场大需求

活动地点： 校外萝卜农产品基地

活动介绍

本活动将主要在校外的潍坊萝卜农产品基地及市场完成。老师将带领学生深入田间地头，走入潍坊萝卜种植基地和农贸市场，以潍坊萝卜的市场消费需求为例，引领同学们了解需求的实质及产生的原因，认知需求的识别，掌握需求的识别方法，掌握需求测定的简单方法，学会运用需求测定方法，为未来创业项目的选择作出科学的判断打下良好基础。

学习目标

1. 了解需求的实质及产生的原因，能够对目前农产品市场的消费需求及未来趋势有初步认知。

2. 认知需求的识别及需求识别方法，能够掌握需求识别方法，把握基本的农产品市场消费者的需求。

3. 认知需求测定方法，能够掌握需求测定的简单方法，并学会运用需求测定的方法为农产品市场进行需求测定。

准备工作

1. 学生通过网络等资源，预习教材知识点拨相关知识，搜集消费者市场需求的相关案例和资料，对需求认知的理论框架和实践形成初步认知。

2. 做好班级学生的小组分工、职责划分和任务分配。

3. 提前设计小组体验活动任务书，准备小组评价表及笔、笔记本等文具。

4 做好体验活动的安全教育工作。

时间计划

1. 教师讲解活动注意事项和任务要求。（10分钟）

2. 教师带领团队集体行动，引领同学们初步认知需求的识别及需求识别方法。（30分钟）

3. 团队分别根据任务布置和学习目标进行分小组实地调研。（120分钟）

4. 访谈1～2名萝卜农产品基地的负责人和农户，认真记录访谈笔录。（30分钟）

5. 小组成员头脑风暴，讨论活动体验的收获，交流心得，完成活动任务书。（30分钟）

表8–1　活动任务书

任务名称		小组名称	
活动日期		活动地点	校外萝卜农产品基地
小组成员		指导教师 / 被调查人	

（续表）

课前任务及完成情况	（此处可记录、可张贴） 1. 预习知识点拨。 2. 联系萝卜农产品基地负责人及农户，确定本次访谈的地点、时间。
课中活动过程	（一）本次活动的注意事项（教师布置活动任务后由组长填写） （二）任务要求 1. 预习教材知识点拨。 2. 网络调研消费需求典型案例和相关知识。 3. 实地调研萝卜农产品基地，完成调研任务和活动任务书，实现理论知识与实践的融合学习。 4. 小组头脑风暴，总结活动任务完成过程中所遇到的问题、解决的方法，以及学习收获。 （三）任务解决方案 1. 解决方法：调研法、访谈法。 2. 解决过程： （1）制作调研和访谈提纲。 （2）按时到达调研和访谈地点。 （3）开始调研和访谈。 （4）调研和访谈记录整理。 （5）总结汇报要点。
活动成果	知识收获： 能力收获： 情感素质收获：
课后反思及活动剪影	

团队分工

1. 班级成员按人数分配，按照“七巧板”游戏方式组成团队，每组5人。

2. 选定组长，组长轮值，负责指挥小组整个活动流程，与老师进行细节协调。

3. 选定小组记录员，负责填写小组活动评价表，并记录经民主测评后的小组成员表现计分。

4. 其他成员服从指挥，听从安排，按要求完成任务。

任务完成

1. 根据活动体验，团队成员开展小组讨论，交流活动收获及心得，发表各自观点。

2. 小组成员完成活动任务书和活动调研报告。

3. 小组记录员与教师完成团队活动评价表和小组成员评价表。

知识点拨

一、需求的实质

动机是在需求的基础上产生的，需要是消费者行为的最初原动力，动机是消费者行为的直接驱动力。正是因为需要、购买动机与行为之间具有紧密的内在联系，任何消费行为都是在需要和动机的驱动下进行的。顾客对目前状态的不满意，为了更好地延续和发展生命，以一定方式寻求适合适应环境所必需的客观事物的一种反映。

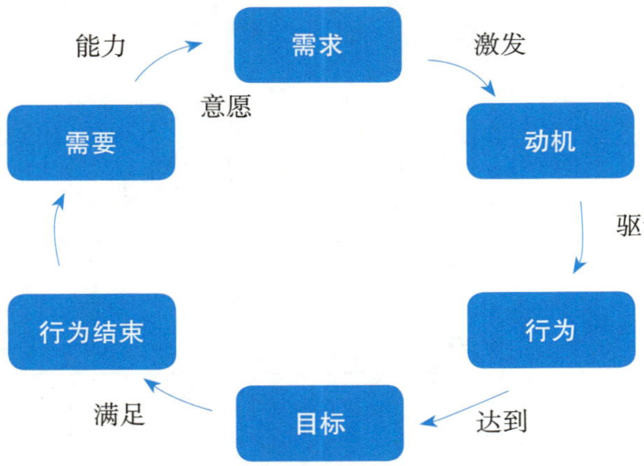

图8–1 需求的实质

二、需求产生的原因

经济状况决定人们的购买能力，也影响消费欲望。现实经济收入水平是决定购买能力的直接因素之一，同时，也影响着顾客消费的选择及结构。另外，经济预期也对人们消费欲望和消费选择有着重要影响。在社会整体经济状况不断改善的同时，随着市场经济发展的不断深入，影响个人经济预期因素的复杂化，其个体差异性不断提高。经济状况的变化和经济预期的个性化，是使消费需求及其结构多样化、复杂化的重要影响因素。具体来说，需求产生的原因不外乎以下几个方面。

1. 对商品使用价值的需求

使用价值是商品的物质属性，也是消费需求的基本内容，人们的消费不是抽象的，而是有具体的物质内容，无论这种消费侧重于满足人们的物质需求，还是心理需求，都离不开特定的物质载体，且这种物质载体必须具有一定的使用价值。

2. 对商品审美的需求

对美好事物的向往和追求是人类的天性，它体现于人类生活的各个方面。在消费需求中，人们对消费对象审美的需要、追求，同样是一种持久性的、普遍存在的心理需要。对于消费者来说，所购买的商品既要有实用性，同时也应有审美价值。从一定意义上讲，消费者决定购买一件商品也是对其审美价值的肯定。在消费需求中，人们对消费对象审美的要求主要表现在商品的工艺设计、造型、式样、色彩、装潢、风格等方面。人们在对商品质量重视的同时，总是希望该商品还具有漂亮的外观、和谐的色调等一系列符合审美情趣的特点。

3. 对商品时代性的需求

没有一个社会的消费不带有时代的印记，人们的消费需求总是自觉或不自觉地反映着时代的特征。人们追求消费的时代性就是不断感觉到社会环境的变化，从而调整其消费观念和行为，以适应时代变化的过程。这一要求在消费活动中主要表现为：要求商品适时、富于变化、新颖、奇特、能反映当代的最新思想。商品的时代性在商品销售中具有重要意义。从某种意义上说，商品的时代性意味着商品的生命。一种商品一旦被时代所淘汰，成为过时的东西，就会滞销，结束生命周期。为此，一方面，营销人员要使经营的商品适应时代的需要，满足消费者对商品时代感的需求；另一方面，生产者要能站在时代的前列，及时生产出具有时代特点的商品。

4. 对商品社会象征性的需求

所谓商品的社会象征性，是人们赋予商品一定的社会意义，使得购买、拥有某种商品的消费者得到某种心理上的满足。例如，有的人想通过某种消费活动表明他的社会地位和身份；有的人想通过所拥有的商品提高在社会上的知名度等。对于市场营销人员来说，了解消费行为中人们对商品社会象征性的需求，有助于采取适当的营销策略，突出高档与一般、精装与平装商品的差别，以满足某些消费者对商品社会象征性的心理需求。

5. 对优良服务的需求

随着商品市场的发达和人们物质文化消费水平的提高，优良的服务已经成为消费者对商品需求的一个组成部分。“花钱买服务”的思想已经被大多数消费者接受。对市场营销者来讲，要树立“全心全意为消费者服务”的宗旨和思想，真正实施全方位和终生服务的措施和行动，真正为消费者着想。

三、需求的类型

根据不同标准，需求类型有不同的划分标准。

1. 按照需求的起源划分，可分为自然需求和社会需求。

2. 按照需求的利益的划分，可分为功利性需求和表意性需求。

3. 按照需求的层次划分，可分为生理需求、安全需求、社交需求、自尊需求和自我实现。

4. 按照需求的结构划分，可分为基本型需求、期望型需求和兴奋型需求。

5. 按照需求的表述不同，可分为显性需求和隐形需求。

四、识别需求的方法

“需要”是我们生活中不可缺少的东西，“需求”则是我们想要得到满足的方面。过去人们往往认为必须满足客户的需要，但在今天竞争的社会里，满足需要是不够的。为了留住客户，我们应该让他们感到愉悦，因此我们必须了解他们的需求，找出满足客户需求的方法。

1. 会见头等客户。客户服务代表和其他人员定期召集重要客户举行会议，讨论客户的需求、想法和对服务的期望。

2. 意见箱、意见卡和简短问卷。很多公司在客户看得见的地方设立意见箱。他们把意见卡和简短问卷放置到接待区、产品包装上、商品目录服务中心或客户易于接近的地方，以征求客户对产品或服务的意见。

3. 调查。可以通过邮寄、打电话或网上发布等方法进行调查。

4. 客户数据库分析。客户数据库提供了丰富的客户信息，可以通过分析客户信息，了解客户的需求。

5. 个人努力。因为客户代表的工作需要直接跟客户打交道，他们可以询问客户对自己和企业的看法。这些反馈将影响客户服务代表与客户的交往行为以及公司对产品或服务的选择。

6. 考察竞争者。访问竞争对手可以获得有关价格、产品等有价值的信息。

7. 兴趣小组。与顶级客户联合访谈，以收集改进特定产品或服务的信息，参加访谈的所有成员组成一个兴趣小组。

8. 市场调研小组。市场调研小组为雇佣他们的公司组织单独会面和团体会面。他们也通过电话、邮件和互联网进行调查，以了解客户的需求。

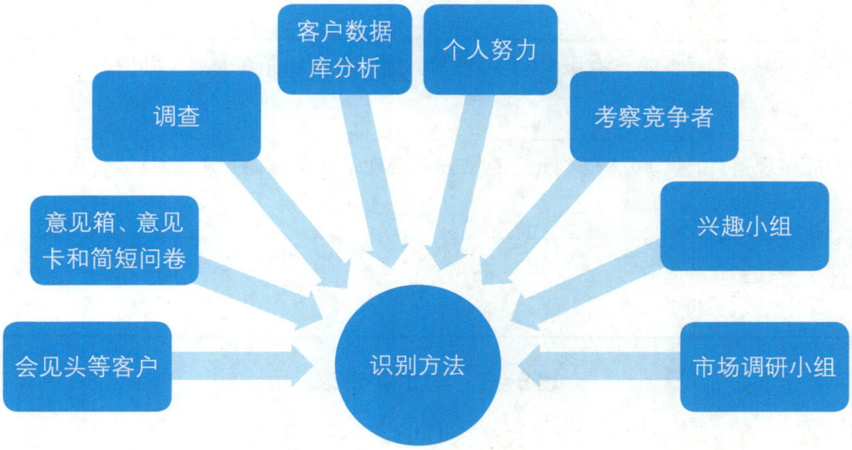

图8-2　识别需求的方法

任务评价

表8-2　"七巧板"团队合作评价表

学校：________ 班级：________ 小组：________ 时间：________

<table>
<tr><td>小组名称</td><td colspan="5"></td></tr>
<tr><td>组长</td><td></td><td>组员</td><td colspan="3"></td></tr>
<tr><td>活动起止时间</td><td></td><td>指导老师</td><td colspan="3"></td></tr>
<tr><td rowspan="4">组长的管理沟通能力</td><td>1. 组长能积极地为小组服务。</td><td>自评</td><td>互评</td><td>师评</td></tr>
<tr><td>2. 能平均、合理地分配任务。</td><td></td><td></td><td></td></tr>
<tr><td>3. 能做好材料的收集、整理工作。</td><td></td><td></td><td></td></tr>
<tr><td>4. 能做好与老师和小组成员的沟通。</td><td></td><td></td><td></td></tr>
<tr><td rowspan="4">团队合作能力</td><td>1. 每个成员都能积极地参与小组活动。</td><td></td><td></td><td></td></tr>
<tr><td>2. 每个成员都有自己明确的任务，并能认真地完成任务。</td><td></td><td></td><td></td></tr>
<tr><td>3. 小组成员间能认真倾听，互助互学。</td><td></td><td></td><td></td></tr>
<tr><td>4. 小组合作氛围愉快，合作效果好。</td><td></td><td></td><td></td></tr>
</table>

（续表）

小组活动中遇到哪些困难？怎样克服？（要求填写具体的事情和详细的解决办法）
小组活动中谁在观察、记录、分析、讨论、总结方面表现最突出？他（她）的具体表现有哪些？
小组活动中存在哪些不足（比如观察、记录、分析等）？怎样改进？

表8–3　学生评价表

班级：________ 小组：__________ 时间：___________ 姓名：___________

评　价　内　容		自评	互评	师评
参与态度	1. 认真参加活动，对活动始终保持深厚的兴趣。	☆	☆	☆
	2. 能积极学习各种电脑、网络知识，能利用网络与他人进行交流。	☆	☆	☆
	3. 能发挥自身的优势为团队提供必不可少的帮助，努力完成自己承担的任务。	☆	☆	☆
协作精神	4. 能积极配合小组开展活动，服从安排。	☆	☆	☆
	5. 能积极地与组内、组间成员交互讨论，能完整、清晰地表达想法，尊重他人的意见和成果。	☆	☆	☆
	6. 在活动中，能与大家互相学习和帮助，共同进步。	☆	☆	☆
创新和实践	7. 有浓厚的好奇心和探索欲望。	☆	☆	☆
	8. 在团队遇到问题时，积极思考，能提出合理的解决方法。	☆	☆	☆
	9. 活动中，能发挥个性特长，施展才能。	☆	☆	☆
能力提高	10. 活动中，能运用多种渠道收集信息。	☆	☆	☆
	11. 在活动中遇到问题不退缩，并能自己想办法解决。	☆	☆	☆
	12. 与他人交往沟通的能力得到提升。	☆	☆	☆
总体体会	我的收获是：			
	我的感受是：			
	我还需努力的是：			

A 等，五颗☆；B 等，四颗☆；C 等，三颗☆；D 等，二颗☆及以下。

拓展训练

美国一家制鞋公司要寻找国外市场，公司派了一个业务员去非洲一个岛国，让他了解一下能否将本公司的鞋推销给那里的人们。这个业务员到非洲待了一天，发回一封电报："这里的人不穿鞋，没有市场。我即刻返回。"公司又派出了另一名业务员，第二个人在非洲待了一个星期，发回一封电报："这里的人不穿鞋，鞋的市场很大，我准备把本公司生产的鞋卖给他们。"公司总裁得到两种不同的结果后，为了了解到更真实的情况，于是又派去了第三个业务员，该业务员在非洲待了三个星期，发回一封电报："这里的人不穿鞋，原因是他们脚上长有脚疾，但他们也想穿鞋。过去不需要我们公司生产的鞋是因为我们生产的鞋太窄。我们必须生产加宽鞋才能适合他们对鞋的需求，这里的部落首领不让我们做买卖，除非我们借助于政府的力量和公关活动做推广。我们打开这个市场需要投入大约1.5万美元，这样我们每年大约能卖2万双鞋。在这里卖鞋可以赚钱，投资收益率约为15%。"

问题：

1. 三个业务员在对同一个市场展开调查时，为什么得出的结论会大不相同？

2. 分析三个业务员对市场的职业敏感性。

3. 如果在校园开设一家校园水果吧，请你和你的团队进行消费者需求调研，形成调研报告。

拓展训练

每个小组基于当前"互联网 +"的经济发展趋势，尝试与当地经济相结合，采用"互联网 +"的各类网络平台，挖掘特色产品或服务，模拟创业项目，撰写创业计划书，进行创业项目路演。

邀请校内创业导师、校外创业孵化实践基地的创业导师及相关人员进行项目评价，为参加校内外各类创业大赛提供准备，成熟的项目可以尝试引入校外创业孵化器。

以上两个拓展训练活动目的：此活动目的在于锻炼学生的创业理论与实践结合的综合运用能力及团队协调合作能力，达到学以致用、实践引领理论的学习效果。

主题活动九

电商时代新玩法——商机识别

活动导航

作为一名创业者，敏锐的机会意识非常重要。2015年“中国青年五四奖章”获得者、创业明星郭鑫认为：“创业最大的吸引力不在于创造了多少财富，而在于你每天都在做新的事物，更关键的是你每天活得都跟别人不一样”。他建议大学生创业不要找社会热点，而要找“社会痛点”。社会有很难解决的问题存在，要么是解决方法有瓶颈，要么是解决方法不够先进，需要革命。这个地方就是有机会的地方。同学们对此有怎样的看法呢？社会发展瞬息万变，新的需求和机会层出不穷，怎样才能在茫茫的商海中发现商机、识别商机，成就自己的创业梦想，是每一位初创者必须修炼的一项本领。

本次活动以“电商时代新玩法——商机识别”为主题设计“电商时代商机识别经典案例大搜集大讨论”活动课，让学生通过各种媒介搜集“商机识别”创业经典案例20个，编辑案例集，在搜集、学习、讨论和编辑成册形成成果的过程中，内化商机的实质、商机产生的因素及商机识别的方法等知识，奠定初始创业的商机识别能力基础。

任务设计

活动主题： 电商时代新玩法　识别市场真商机

活动地点： 校内学生创业基地

活动介绍

本活动将设计一本“电商时代商机识别经典案例集”小册子，在校内学生创业基地通过搜集、整理、讨论经典案例的活动方式完成。教师将引领学生通过图书馆、网络等各种媒介，学会搜集、整理和研究案例，通过小组讨论、头脑风暴等学习方法，了解商机的实质及商机的来源，掌握商机识别的类型、影响因素及商机识别评价方法，为未来科学判断创业项目奠定良好的基础。

学习目标

1. 了解商机的实质及来源。
2. 掌握商机识别的类型和影响因素。
3. 掌握商机识别评价方法，能够对市场的商机具有初判能力。

准备工作

1. 学生通过网络等资源，预习教材相关知识，搜集商机识别的相关案例和资料，对商机识别的理论框架和实践形成初步认知。
2. 做好班级学生的小组分工、职责划分和任务分配。
3. 提前设计小组体验活动任务书，准备好评价表、笔、笔记本等资料。
4. 做好体验活动的安全教育工作。

时间计划

1. 教师讲解活动注意事项和任务要求。（10分钟）
2. 教师引领同学们首先初步认知商机识别及需求识别方法。（30分钟）
3. 团队分别根据任务布置和学习目标分小组开展活动。（120分钟）
4. 团队成员搜集、整理、研究、学习商机识别经典案例，设计案例集。（30分钟）
5. 小组成员头脑风暴，讨论活动体验的收获，交流心得，完成活动任务书。（30分钟）

表9-1　活动任务书

任务名称		小组名称	
活动日期		活动地点	校内学生创业基地
小组成员		指导教师 / 被调查人	
课前任务及完成情况	（此处可记录、可张贴）		

（续表）

课中活动过程	（一）本次活动的注意事项（教师布置活动任务后由组长填写） （二）任务要求 1. 预习教材知识点拨。 2. 网络调研商机识别典型案例和相关知识。 3. 完成调研任务和活动任务书，实现理论知识与实践的融合学习。 4. 小组头脑风暴，总结活动任务完成过程中的遇到的问题、解决的方法，以及学习收获。 （三）任务解决方案 1. 解决方法：调研法。 2. 解决过程： （1）制作调研提纲。 （2）整理调研记录。 （3）总结汇报要点。
活动成果	知识收获： 能力收获： 情感素质收获：
课后反思及活动剪影	

团队分工

1. 班级成员按人数分配，按照“七巧板”游戏方式组成团队，每组5人。

2. 选定组长，组长轮值，负责指挥小组整个活动流程，与老师进行细节协调。

3. 选定小组记录员，负责填写小组活动评价表，并记录经民主测评后的小组成员表现计分。

4. 其他成员服从指挥，听从安排，按要求完成任务。

任务完成

1. 根据活动体验，团队成员开展小组讨论，交流活动收获及心得，发表各自观点。

2. 小组成员完成活动任务书和活动调研报告。

3. 小组记录员与教师完成团队活动评价表和小组成员评价表。

知识点拨

一、商业机会的实质

对机会的识别源自创意的产生。创意是具有创业指向同时具有创新性甚至原创性的想法，是将问题或需求转化成逻辑性的架构，让概念物象化或程序化。产生创意后，创业者会把创意发展为可以在市场上进行检验的商业概念。发展成清晰的商业概念，意味着创业者正在寻找解决问题的手段，这就是商机形成的基本前提。

创业因机会而存在。机会是具有时效性的有利情况，是未明确的市场需求或未充分使用的资源或能力。创业者识别创业机会是要敏锐地注意到有利情况，捕捉甚至创造出创业机会。创业机会的目标是满足顾客的需求，解决顾客意识到和没有意识到的实际问题，让人们生活得更好，这是创业的价值根本。

二、商业机会的来源

单个商业机会的进入时点非常重要，但对于一个产业来讲，无论该产业出于哪一个发展阶段，它都有商业机会，作为创业者要在实践中慢慢去设计、去试验。商业机会不仅是环境条件的一系列变化所导致的，也是创业者通过努力去创造和建立的。商业机会来源于三个方面：一是社会的变迁；二是社会中未被解决的问题；三是市场中的缺口。

（一）社会变迁创造机会

我们每个人都生活在社会的生态系统中。这个系统的经济结构、产业结构、技术系统以及政策和管制环境的变化，都将打破原有生态系统的平衡，并构建新的平衡。

在偏离原有结构的过程中就会出现新的商业机会。

1. 社会经济结构的变革。随着经济结构的变化，居民可支配收入增长带来人们消费结构的变化。通俗地讲，消费结构就是把钱花在了什么地方，如有位学生看中了越来越多的白领更倾向于购买漂亮易搭配的首饰这一需求，设计轻奢类配饰，这个商机的背后就是经济发展水平的变化带来的新的商业机会。社会经济结构的变化还包括人口结构的变化，如二孩政策，社会家庭结构的变化保育行业的蓬勃发展。社会结构还有一个重要的变化是人口的区域聚集带来的变化，如为满足大城市的流动人口租房的刚性需求的优质租房服务，甚至是房子的管家服务。

2. 产业结构的变革。目前，我国在新型城镇化进程加快的形势下，传统的农业发生很大变化，工业和服务业的比重不断增加，农民转移到城市中的比重不断增加。产业结构的变化除此之外还有新型工业化，由原来大规模的重工业化逐步走向与信息技术结合的新型工业化。随着全球化浪潮袭来，中国作为经济发展迅速、对外交往合作日益频繁的国家，越来越深入地参与全球化的洪流中，如汉语教育、国际游学项目的兴起。

3. 技术的变革。在第一波创业浪潮中，很多创业者抓住计算机技术进步带来的家用电脑普及这一技术机会。最近特别热门的基于基因的技术也带来了新的商业机会。新技术和传统产业机构、原有生活方式的结合也在不断产生新商机，最典型的就是O2O（Online to Offline），它运用移动互联技术在传统餐饮、医疗、物流等行业建立了新的机会。

4. 政策和管制环境的变革。

任何一个消费者、社群或产业都存在于整个社会的管制环境中。政治制度、法律制度、产业政策等的任何改变都可能释放出新的机会，如随着二胎政策的放开，未来

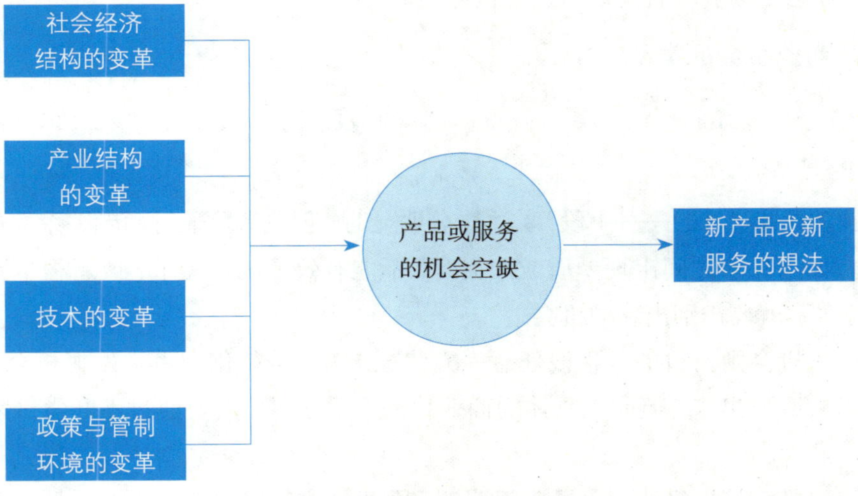

图9-1　社会变迁带来的新机会

保姆和育婴市场需求将大幅度增加，为创业者带来新的机会。

总之，深入到经济结构层面、产业机构层面、技术层面以及政策和管制层面的社会变迁，每个重要变化都有可能打破原来社会结构的平衡。不平衡状态的出现就会出现产品或服务的新空缺，可能使原来没有商业价值的机会变得有价值，机会窗口就会被打开。

（二）社会中未被解决的问题

创业者总能发现别人没有发现的问题，让那些问题成为自己的商业机会。比如，小区设置快递柜就是解决网购包裹到家而家中无人的问题。解决生活中的问题往往很容易获得用户的认可，创业者就是看到机会后千方百计地解决问题，社会上未被解决的问题很多，如看病难、读书难，每个难题背后都给有雄心的创业者提供潜在商业机会，让创业者通过解决社会的痛点成就自己的事业。

（三）市场的缺口

还有一大类商业机会来源于市场缺口。那片未被开发的市场因为种种因素等待着有心人去挖掘。这样的市场缺口可能是由以下三个方面的原因造成。

1. 市场供与需的不匹配。例如，市场某个时点的需求非常大，但是供给不足，这样就会出现很大的机会。

2. 特定人群被忽视的需要。比如，有学生发现出国留学咨询机构都是针对普通的学生，还有一群特殊的留学生是艺术生，他们的特殊需求是没有被照顾到的，于是就出现了一个新的创业机会：艺术留学咨询服务。

3. 产品跨界流动需求。有一类市场本国有缺口，但在其他国家或区域不缺，创业者发现了这个问题，促进了机会的跨区域流动。比如，儿童安全座椅在国外非常普遍，但中国家用轿车虽已走入寻常百姓家，却没有使用安全座椅的习惯，随着家长儿童安全意识的加强，创业者就发现了这个机会。

三、商业机会的类型

（一）根据“目的——手段”关系的明确程度，商业机会可以分为识别型、发现型和创造型三种。

识别型是指“目的——手段”关系十分明显时，创业者可通过两者关系的连接来辨识机会。如当供求之间出现矛盾或冲突时，不能有效地满足需求，或者根本无法实现这一要求时，就要辨别出新的机会。

发现型机会则指目的或手段任意一方状况未知，等待创业者去发掘机会。比如，一项技术被开发出来，但尚无具体的商业化的产品出现，需要通过不断尝试来挖掘市场机会。

创造型机会是指目的和手段皆不明朗，因此创业者要比他人更有先见之明才能创造出有价值的市场机会。这种机会难度很高，但一旦实现将获得巨大利润。

（二）依据“目的——手段”关系中目的性质

依据“目的——手段”关系中目的性质，创业机会可以分为问题型、趋势型和组合型三种类型。

问题型机会是由现实中存在的未被解决的问题所产生的一类机会。问题型机会在生活中大量存在，如顾客的抱怨、投诉等。一般人看到的是问题，创业者看到的是机会。

趋势型机会是在变化中看到未来的发展方向，预测到将来的潜力和机会。这种机会一般容易产生在时代变迁、环境动荡的时期。在这种环境下，各种新的变革不断出现，但往往不被多数人认可和接受，一旦能够及早发现并把握，就有可能成为未来趋势的先行者和领导者。机会一旦被人们认可，它产生的影响将是持久的，带来的利益也是巨大的。

组合型机会是将现有的两项以上的技术、产品、服务等因素组合起来，实现新的用途和价值而获得的创业机会。这种机会类型好比“嫁接”，即对已经存在的多种因素重新组合，往往能实现与过去功能大不相同或者效果倍增的局面。

（三）依据“目的——手段”关系中的手段方式

依据“目的——手段”关系中的手段方式，创业机会可以划分为复制型、改进型、突破型、破坏型等多种类型，分别是指创业机会所运用的手段是对现有手段的模仿、渐进性创新和开创性创新，如U盘相对于磁盘属于突破型创新，数码相机相对于胶卷属于破坏型创新，甚至可以说是“创造性的破坏”“颠覆性的创新”。研究表明，创业者更擅长“创造性破坏”，他们抓住某些重大变革所带来的机会，创造出新的经营模式，给现存企业带来巨大的冲击。

四、商业机会识别的影响因素

既然新的需求层出不穷，为什么有人能发现，有人没有察觉呢？这就是创业者和普通人之间存在一个非常大的差距——识别商业机会的能力。这种差异来源于既往经验、认知模式、社会网络和个体创造性。

1. 既往经验。既往经验有助于创业者理解某个行业中真实的、未被满足的市场需求。深入到一个产业工作，才容易发现外行不易察觉的机会。既往经验还间接地提供了一个行业内部的社会网络，这个网络能让创业者感知到新的机会，他的灵感不一定从消费者身上得到，也可能来源于供应商、经销商等。他们在社会网络中获得各种信息，在信息收集和整理的过程中就能发现商业机会，如携程的季琦进军旅游电子商务就是他与共事的供应商梁建章闲聊时产生的灵感。

2. 认知模式。创业者的认知模式也就是所谓识别机会的第六感觉、商业嗅觉。它往往不需要系统地搜索和整理，仅仅是某件偶发事件就能启发他们感知到商业机会的存在。这种商业嗅觉与天生的某种特征有关，但更大程度上是后天培养的技能，人与人的商业嗅觉差异非常大，是难以替代和训练的。

3. 社会网络。那些在社会活动中很活跃的人，与各式各样的人接触，广泛获得各种信息，然后再对信息进行整理，诞生一些新的商业创意。往往社交网络圈大且特别喜欢和别人打交道的人嗅到商业机会的概率更大。

4. 个体创造性。个体创造性是创业者产生商业创意的重要来源。创造性是产生一个完全不同的新想法、新主意的过程。

创业者通过既往经验、认知模式或从社会网络中碰撞出灵感，运用个体的创造性思维形成新的商业创意。一个创意从无意识出现到最终形成往往要经历准备、酝酿、纠结、评估与阐述五个阶段。商业案例中那种一蹴而就的机会识别都是错觉，在现实生活中它都是反复筛选、转化的结果。

五、商机评估的方法

商机评估是项目可行性调研的重要环节，曾有企业家提示：为了对自己十年后的企业负责，创业者一定要对创业项目有一个清晰的了解，首先要做市场调研和分析，对未来的创业项目做一个完整的商机评估。

商机评估包括以下四个主要部分：自身条件评估、市场需求分析、盈利模式探讨和竞争优势研究。

1. 自身条件评估。创业者首先要了解创业过程中必须经历的几个阶段，衡量自己的性格、爱好、特点，自己是否适合创业，是否适合做这个项目，是否为创业做好了心理准备、知识准备、能力准备，是否真正具有企业家素质。

2. 市场需求分析。任何成功的企业，都是以市场需求为导向的，任何有市场的产品都是满足顾客某种需求的，没有需求就没有市场前途。创业者要学会根据地域、文化、年龄、消费者偏好以及宗教等社会因素细分市场。

3. 盈利模式探讨。创业者应明确：成功的商业模式要能够提供独特价值，商业模式是难以模仿的，成功的商业模式必须是脚踏实地的。因此，创业者在寻找最佳商业模式时既要研究同行的商业模式，也要研究对手的商业模式，能够知彼知己、百战不殆，想顾客之所想，急顾客之所急，方能立于不败之地。

4. 竞争优势分析。创业者应清楚地明确自身的竞争优势在哪里，认清自己和对手的优势、劣势，对症下药，充分发挥所长，为创业做好准备。

任务评价

表9-2 “七巧板”团队合作评价表

学校：________ 班级：_______ 小组：_________ 时间：_________

小组名称				
组长		组员		
活动起止时间		指导老师		
		自评	互评	师评
组长的管理沟通能力	1. 组长能积极地为小组服务。			
	2. 能平均、合理地分配任务。			
	3. 能做好材料的收集、整理工作。			
	4. 能做好与老师和小组成员的沟通。			
团队合作能力	1. 每个成员都能积极地参与小组活动。			
	2. 每个成员都有自己明确的任务，并能认真地完成任务。			
	3. 小组成员间能认真倾听，互助互学。			
	4. 小组合作氛围愉快，合作效果好。			
小组活动中遇到哪些困难？怎样克服？（要求填写具体的事情和详细的解决办法）				
小组活动中谁在观察、记录、分析、讨论、总结方面表现最突出？他（她）的具体表现有哪些？				
小组活动中存在哪些不足（比如观察、记录、分析等）？怎样改进？				

表9-3 学生评价表

班级：________ 小组：__________ 时间：___________ 姓名：___________

评价内容		自评	互评	师评
参与态度	1. 认真参加活动，对活动始终保持浓厚的兴趣。	☆	☆	☆
	2. 能积极学习各种电脑、网络知识，能利用网络与他人进行交流。	☆	☆	☆
	3. 能发挥自身的优势为团队提供必不可少的帮助，努力完成自己承担的任务。	☆	☆	☆
协作精神	4. 能积极配合小组开展活动，服从安排。	☆	☆	☆
	5. 能积极地与组内、组间成员交互讨论，能完整、清晰地表达想法，尊重他人的意见和成果。	☆	☆	☆
	6. 在活动中，和大家能互相学习和帮助，共同进步。	☆	☆	☆
创新和实践	7. 有浓厚的好奇心和探索欲望。	☆	☆	☆
	8. 在团队遇到问题时，积极思考，能提出合理的解决方法。	☆	☆	☆
	9. 活动中，能发挥个性特长，施展才能。	☆	☆	☆
能力提高	10. 活动中，能运用多种渠道收集信息。	☆	☆	☆
	11. 在活动中遇到问题不退缩，并能自己想办法解决。	☆	☆	☆
	12. 与他人交往沟通的能力得到提升。	☆	☆	☆
总体体会	我的收获是：			
	我的感受是：			
	我还需努力的是：			

A 等，五颗☆；B 等，四颗☆；C 等，三颗☆；D 等，二颗☆及以下。

拓展训练

O2O 电商时代的新玩法

董驰是西北大学国际商学院的博士，同时担负着该校电商操盘手项目。作为著名的商学院，董驰负责向诸多前来求学的商界人士讲述从淘宝到三只松鼠的各种电子商务成功典型案例。

在2014年8月11日的下午2点，董驰在自己的微信朋友圈里发出了一条消息：谁想吃真正的户太八号葡萄？结果仅仅两个小时，通过留言预订的葡萄已经达到400多斤。

董驰这时连要销售的葡萄在哪都不知道，该卖多少钱也不知道。于是他带着两个人赶紧开车奔赴西安鄠邑区，在走访了多个园子之后，选定了一家园子。同去的团队成员中有人开玩笑地说这不就是“处女葡萄”么？正是这不经意的玩笑，让董驰找准了此次 O2O 销售的最主要的环节——好玩的切入点。

“8月底上市，9月底基本结束的户太八号，正好处在处女座时期。而现在大家都喜欢在网络上‘黑’（恶搞）处女座。这正好给我们提供了一个很好的思路。”在整理了思路之后，他们三人团队定下了“处女座”葡萄这个思路，“首年开园，称为‘处女座’葡萄肯定没错。而且大家赋予处女座‘挑剔、傲娇’的印象，正好体现我们所选的‘不是最好的葡萄我不吃’的品质。”

在定下来主基调后，他们找来两位美院的学生，为他们绘制包装盒上的手绘漫画。虽然在包装盒上画满各种“黑”处女座的设计方案，让专业人士嗤之以鼻，但因为与“玩法”的高度契合，一经推出后，便受到了市场的欢迎。在准备工作做好之后，董驰开始与“掌上西安”等粉丝众多的本地大 V 联系，协商互动推广。

经过将近10天的准备，董驰和他团队的“处女座”葡萄终于上市了，仅仅通过微信推广，在7天时间里，每箱3千克装售价58元的“处女座”葡萄便销售出去了3 000箱。

问题：

1. 通过阅读以上案例，你认为电商时代，如何利用互联网识别最佳商机？我们应如何适应时代改变思维？

2. 请调研你所在区域中职生的旅游现状，能否受上述案例启发，发现新的商机呢？以团队为单位，形成调研报告。

活动目的：此活动目的在于锻炼学生的理论与实践结合的综合运用能力及团队协调合作能力，达到学以致用、实践引领理论的学习效果。

主题活动十

开家小店算算账——成本核算

活动导航

王鹏是一名职业院校的毕业生，他一直有一个创业梦，毕业后在深圳摸爬滚打数十年，手头有了50万元的积蓄，感觉不能继续打工了，要自己创业。经过一番考察，王鹏觉得7-ELEVEn连锁店在深圳大街小巷开得很红火，决定加盟，也开一家7-ELEVEn连锁店。这会是一个赚钱的好项目吗？凡是项目就涉及资金、投资和回报问题，王鹏投资7-ELEVEn连锁店到底需要多少钱？每个创业者在初始创业时都会遇到这个问题，创业是需要成本的，创业者即使是用最少的启动资金，也要包含一些最基本的必需的开支。因此，具有比较精确估算创业所必需的资金的核算能力是创业者创业成功必须修炼的内容。

本次活动以“开家小店算算账——成本核算”为主题设计模拟校园创业，让学生团队模拟选择一个校园创业项目，开一家小店，通过调研、讨论等学习方法，在模拟创业项目的过程中掌握创业资金的实质、创业资金的分类、创业资金的取得及创业资金的简单核算等理论与实践知识，奠定初始创业的资金核算能力基础。

任务设计

活动主题：开家小店算算账　成本核算要弄清

活动地点：学生创业工坊

活动介绍

本活动设计校园模拟创业项目，在校内学生创业工坊，每个团队选择校园创业项目进行调研、设计、讨论、研究，对项目所需的创业资金形成成本核算报告。老师将引领学生通过图书馆、网络等各种媒介，搜集、整理和研究相关知识，通过小组讨论、头脑风暴的学习方法，了解创业资金的实质、创业资金的分类、创业资金的取得及创业资金的简单核算等理论与实践知识，提高初始创业的成本核算能力。

学习目标

1. 了解创业资金的实质和分类。
2. 掌握创业资金的取得方式。
3. 掌握创业资金的简单核算方法，具有初步的初始创业的成本核算能力。

准备工作

1. 学生通过网络等资源，预习教材知识点拨相关知识，搜集创业资金核算的相关资料，对创业资金的理论框架和实践形成初步认知。
2. 做好班级学生的小组分工、职责划分和任务分配。
3. 提前设计小组体验活动任务书，准备好评价表、笔、笔记本等资料。
4. 做好体验活动的安全教育工作。

时间计划

1. 教师讲解活动注意事项和任务要求。（10分钟）
2. 教师引领同学们初步了解商机识别及需求识别方法。（30分钟）
3. 团队分小组分别根据任务布置和学习目标开展活动。（创业项目模拟1周时间，项目资金核算120分钟）
4. 小组成员头脑风暴，讨论活动体验的收获，交流心得，完成活动任务书。（30分钟）

表10–1　活动任务书

任务名称		小组名称	
活动日期		活动地点	学生创业工坊
小组成员		指导教师 / 被调查人	
课前任务及完成情况	（此处可记录、可张贴）		

（续表）

课中活动过程	（一）本次活动的注意事项（教师布置活动任务后由组长填写） （二）任务要求 1. 预习教材知识点拨。 2. 网络创业项目资金核算案例和相关知识。 3. 调研访谈商业街一家小店的成本核算。 4. 在校园学生创业工坊模拟开一家小店，核算开店成本及资金核算。 5. 完成调研任务和活动任务书，实现理论知识与实践的融合学习。 6. 小组头脑风暴，总结活动任务完成过程中的遇到的问题、解决的方法，以及学习收获。 （三）任务解决方案 1. 解决方法：调研法、访谈法、实验法。 2. 解决过程： （1）制作调研和访谈提纲。 （2）走进商业街，选定一家小店，采访店主，咨询开家小店需要哪些资金。 （3）完成一家小店的访谈后，调研多家小店。 （4）整理访谈和调研记录。 （5）总结汇报要点。 （6）小组头脑风暴，汇报访谈和调研的总结。 （7）团队模拟开家小店，在校园学生创业工坊实践理论知识。
活动成果	知识收获： 能力收获： 情感素质收获：
课后反思及活动剪影	

团队分工

1. 班级成员按人数分配，按照“七巧板”游戏方式组成团队，每组5人。

2. 选定组长，组长轮值，负责指挥小组整个活动流程，与老师进行细节协调。

3. 选定小组记录员，负责填写小组活动评价表，并记录经民主测评后的小组成员表现计分。

4. 其他成员服从指挥，听从安排，按要求完成任务。

任务完成

1. 根据活动体验，团队成员开展小组讨论，交流活动收获及心得，发表各自观点。

2. 小组成员完成活动任务书和活动调研访谈报告。

3. 小组记录员与教师及创业导师完成团队活动评价表和小组成员评价表。

知识点拨

一、创业资金概念

创业都是要有成本的，创业者就算是用最少的启动资金，也要包含一些最基本的必需的开支，如店面租赁、必要的办公设备购置、人员工资等等，这就是创业资金。不同性质的企业所需要的创业资金也会有很大的差别，但无论是什么性质的企业都可以用下面必要的开支项目来估算创业资金。

表10-2　创业启动资金预算表

必要的开支项目	估计每月费用	估计需要的资金
创业者的工资		
雇员的工资		
店面租金及装修费		
开业前广告宣传费用		
电话网络费用		
水、电、气等其他费用		
保险费		
相关税费		
行政办公费用		
业务招待费		

（续表）

必要的开支项目	估计每月费用	估计需要的资金
其他每月杂费		
固定资产购置及安装调试费		
初始储备库存		
其他不可预见费用		
合计		

根据上面的表格，估算创业需要的资金，除固定资产、初始库存之外，其他项目一般还需要计划出3～4个月的宽裕期。因为一个项目在最初的运行时，需要经过至少3个月的市场培育期，这3个月内，也许赢利很少，也许根本就没有赢利甚至亏本，因此，事先必须要有足够的资金准备。

无论启动资金是5万元还是50万元，创业者都需要计算出比较详细的数字。低估了需求，创业者会在没盈利前就捉襟见肘了，高估了成本，创业者又会在数额较大的启动资金面前望而却步，因此，比较精确地估算出创业时必需的资金是创业成功的关键因素之一。

二、创业资金分类

创业资金根据以开业为节点，分为投资资金和营运资金。开业之前需要的资金为投资资金，开业之后需要的资金为营运资金。

（一）投资资金

投资资金，是指发生在企业开业之前，是企业筹办期间发生的各种必要的支出所需要的资金。创业之初，需要花钱的地方很多，而筹资渠道与筹资能力都是非常有限的，所以，要尽量节约，减少投资资金的花费。

表10-3　投资资金表

资金类型	支　出　项　目
流动资金	保留一定数额的现金银行存款；储备一定数量的原材料、包装物、低值易耗品等。
固定资金	购置或租赁厂房设备及其装修和安装调试费。
开办费	筹建期人员工资、办公费、培训费、宣传费、印刷费、注册登记费。

（二）营运资金

营运资金是指从企业开始经营之日起，到企业能够做到资金收支平衡之日的时间内，企业发生各种支出所需要的资金，也就是创业者在开业后需要陆续追加投入的资金。

表10-4　营运资金表

资金类型	支　出　项　目
流动资金	购买原材料、工作人员工资、办公费、培训费、宣传费、有关税费等。
固定资金	根据业务需要追加投资厂房设备等固定资产方面的投资。

从开始营业到资金收支平衡，这段时间叫营运前期，其时间跨度依据企业的性质不同而差别巨大，比如开一家小餐馆，因为大部分食材都是当天使用，当天购买，不需要占用太多资金，变成菜品卖出去，就会有现金收入，所以，可能很快就会实现收支平衡。贸易类的企业因为把货物卖出去就能回笼资金，可能几个月之后就不需要再追加投资。而制造业由于生产周期长，产品销售还可能赊销，这样现金流入就少，没有办法满足正常的资金需求，需要创业者继续追加资金投入，可能要几个月甚至于一两年才能达到资金收支平衡。

创业者在创业之前就应该充分考虑你所需要实现收支平衡的时间。因为，只要你创业的项目没有实现收支平衡，你就要不断地投入资金来满足支出。在很多企业，营运资金往往要大于投资资金。

三、创业资金的计算

（一）创业资金的估算

我国千千万万的中小企业，大多是由创业者自筹资金创立，这就需要创业者对创业资金做大概的估算。怎样估算出创业所需资金呢？其准确性取决于获得信息的途径。以下渠道可以帮助创业者估算创业启动资金。

1. 同行。可选择不在同一区域的同行进行调查。
2. 供应商。供应商很想从经营者身上寻找商机，非常愿意在这方面给你帮助。
3. 行业商会。行业商会可以向创业者提供详细的启动费用明细、财务报表、相关企业名单、市场调研的数据等。
4. 退休企业高管。有经验的退休企业家可以指导你完成公司启动的全过程。

（二）营运资金的计算

创业企业生存确实不易，往往是营运资金比投资资金还要大得多。这就需要创业者充分估计从开业之日到底要多长时间才能实现收支平衡，因为只要没有实现收支平衡，就意味着你要不断地追加营运资金来满足支出。那么，从开业到收支平衡到底需要多少钱？也就是营运资金怎么计算呢？一般来说，有编制会计报表和计算资金盈亏平衡点两种方法。

（三）编制会计报表

我们都知道收入 - 成本 = 利润，测算新创企业的营业收入和营业成本，在此基础上，编制预计利润表和预计资产负债表。当我们从生产经营中赚取的利润及在生产经营过程中形成的负债没有办法满足企业生产经营活动对资金的需求时，就意味着我们需要从外部继续筹措资金，两者的差额就是我们需要筹措的资金数额。以某企业两年的营业状况为例，测算其第2年需要追加的营运资金。

表10-5 某企业会计报表

单位：元

	第一年	第二年
收入	1 000 000	2 000 000
销售成本	700 000	1 400 000
经营费用	175 000	350 000
税费	50 000	100 000
税后纯利润	75 000	150 000
应收账款	125 000	250 000
库存	160 000	320 000
应付账款	75 000	150 000
所需的营运资金	210 000	420 000
资金来源：第一年的营运资金		210 000
第二年的利润		150 000
		小计：360 000
所有利润再投资后的营运资金缺口	135 000	60 000

这种方法需要比较专业的会计知识，计算起来有点复杂，也可以用下面这种方法估算营运资金需求量。

（四）计算资金盈亏平衡点

资金盈亏平衡点 = 每月固定的资金支出 / 每月资金净流入。当每月资金净流入大于每月固定的资金支出时，营运资金就有盈余，反之，说明营运资金不足。根据计算的盈亏平衡点数量，结合业务发展变化情况，估算出实现盈亏平衡的时间，据此推算企业需要追加的营运资金。

营运资金 = 达到盈亏平衡的时间 × 每月固定的资金支出

例如，某个特种装饰材料生产厂，每件产品销售单价是100元，生产成本是40元，销售费用每件大约10元，每月的固定成本（厂房设备租金、管理费、工资、税金、办公费等）是20 000元，那么需要销售多少产品才能使资金保持平衡呢？按照上面公式，资金平衡点 =20 000/（100-40-10）=400（件），只有销售数量高于400件才盈利，低于这个数量就亏损。故此，这个产品的盈亏平衡点就是400件。如果这家企业第一个月就成功销售了400件产品，而且都是现售，那么，它第一个月就实现了收支平衡。如果到第四个月才能实现销售400件产品，那么，该企业前三个月每月都要追加营运资金。当然，现实中，固定成本还会包括机器的折旧，销售货物也会有赊销甚至于坏账等，都将影响营运资金的计算。

四、创业融资

（一）创业融资的内涵

创业都是需要有资金的，无论你再怎么节约，一些最基本的开支还是创业者必须要准备的，如产品定金、店面租金、必要的办公设施等。因此，对创业者来说，能否快速、高效地筹集到资金，是创业能否成功至关重要的因素。

狭义的融资：是一个企业的资金筹集的行为和过程。也就是企业根据自身的经营活动状况、资金需求状况以及未来企业经营发展需要，采取一定的方式，从一定渠道组织资金供应，满足经营管理活动需要的理财行为。

广义的融资：就是货币资金的融通，指当事人通过各种方式到金融市场上筹措资金的行为。

融资成本：资金成本是创业者为获得和使用资金而付出的代价，包括筹资费用和用资费用。筹资费用是指筹措资金时发生的一次性支出；用资费用是指因使用资金而产生的费用，是资金成本的主要内容。

资金成本率 = 用资费用 /（筹资金额 – 筹资费用）

可见，降低融资成本是降低创业风险、提高创业成功率的一个有效途径。

（二）创业者融资难

创业融资困难是很正常的，也是有理论依据的。因为创业者缺少资产甚至是没有资产，无法进行抵押贷款；从创业活动本身来看，面临非常大的不确定性，投资者很少会冒险投资；企业创业融资渠道过于狭窄，资金补充渠道除自身积累、向亲友借钱外就是向银行贷款，而要获得银行贷款也不是一件容易的事。

初创企业难以获得银行贷款的原因：

1. 信用风险。在我国，创业普遍存在信用危机，由于创业者自身缺乏经验，没有防范风险的措施，一旦创业遭受挫折，还款能力下降，违约风险增加。这就是银行不愿意给创业者贷款的原因。尤其是大学生创业还不成熟，造成银行对大学生创业的信用评级不高，要想获得银行贷款比较困难。

2. 市场风险。指创业项目的可行性与市场不匹配而引起的风险。市场风险是导致创业企业发展中断乃至失败的关键因素。由于创业者自身经验以及缺乏市场观念的原因，创业的项目很难确定产品的市场接受能力以及接受时间。而银行看重的是创业计划真正的技术含量，以及市场赢利的潜力。而创业者如果对此全然没有概念，自然很难赢得银行的青睐。

3. 没有担保。银行普遍实行资产抵押担保贷款制度，由于创业企业经营时间不长，普遍存在经营规模小，原始积累仅有智力、知识产权和科研成果等，固定资产少，土地、房屋等有形资产极为有限，客观上的抵押物不足，同时可利用其他融资渠道的机会少，很难找到有实力担保的企业。自然形成资信度较低，缺乏信用保证的局面。银行特别注重申请贷款人的偿还能力。

另外，贷款的其他限制性条件也很多，对个人申请贷款方面的审核非常严格，程序烦琐，因此，在此情形下创业者想要成功向银行融资是十分困难的。

当然，自2004年以来，为了弥补面向中低收入群体和微小企业的金融产品支持的空白，国家陆续推出了一系列支持性的政策，发展小额信贷。小额信用贷款是以个人或家庭为核心的经营类贷款，其主要的服务对象是广大工商个体户、小作坊、小业主。贷款的金额一般为10万元以下，1 000元以上，借款人不需要提供担保。其特征就是债务人无须提供抵押品或第三方担保，仅凭自己的信誉就能取得贷款，并以借款人信用程度作为还款保证。

（三）创业融资的方式

1. 政策资金。政府提供的创业基金通常被称为创业者的“免费皇粮”，其优势是利用政府资金，不用担心投资方要求的信用问题。政府投资一般都是免费的，降低或者免除了融资成本；但劣势是申请创业基金有严格的程序要求，而且，政府每年的投入有限，融资者也面临着其他融资者的竞争。

2. 高校创业基金。为鼓励大学生创业，大多数高校都设立了相关的创业基金，鼓励本校学生进行创业尝试。高校创业基金的优势是对于大学生这个群体而言，通过此途径融资比较有利；劣势是资金规模不大，支撑力度有限，面向的对象不广。

3. 亲情融资。向家庭成员或亲朋好友筹款。优势是筹措资金速度快，风险小，成本低。劣势是向亲朋好友借钱创业，会给亲友带来资金风险，甚至是资金损失，如果创业失败就会影响亲情。

4. 金融机构贷款。一般只能取得银行小额贷款。银行贷款被誉为创业融资的“蓄水池”，优势是银行财力雄厚，劣势是手续烦琐，需要经过许多门槛，任何一个环节都不能出问题。

5. 合伙融资。寻找合伙人投资是指按照“共同投资、共同经营、共担风险、共享利润”的原则，直接吸收单位或者个人投资合伙创业的一种融资途径和方法。其优势是有利于对各种资源的利用和整合，增强企业信誉，能尽快形成生产能力，有利于降低创业风险；劣势是很容易产生意见分歧，降低了办事效率，也有可能因为权利与义务的不对等而产生合伙人之间的矛盾，不利于合伙基础的稳定。

6. 风险投资。风险投资是融资和投资相结合的全新投资方式，是指创业者通过出售自己的一部分股权给风险投资者而获得一笔资金，用于发展企业，开拓市场。当企业发展到一定规模时，风险投资者出卖自己拥有的企业股权获取收益，再进行下一轮投资，许多创业者就是利用风险投资使企业度过困难期。其优势是有利于有科技含量、创新商业模式运营、有豪华团队背景和现金流良好、发展迅猛的有关项目融资；劣势是融资项目有局限。

7. 天使基金。天使投资是自由投资者在他们认为项目有创意或者对创业者能力充分认可的情况下，对初创企业进行一次性大约为30万~ 50万美元的启动性投资。优势是民间资本的投资操作程序较为简单，融资速度快，门槛也较低。劣势是很多民间投资者在投资的时候总想控股，因此容易与创业者发生矛盾。

8. 众筹。又称为大众筹资或群众筹资，是指用团购和预购的形式，向网友募集项目资金的模式。众筹利用互联网和 SNS 传播的特性，让小企业、艺术家或个人对公众展示他们的创意，争取大家的关注和支持，进而获得所需要的资金流。

任务评价

表 10–6　“七巧板”团队合作评价表

学校：________ 班级：_______ 小组：_________ 时间：_________

<table>
<tr><td>小组名称</td><td colspan="6"></td></tr>
<tr><td>组长</td><td></td><td>组员</td><td colspan="4"></td></tr>
<tr><td>活动起止时间</td><td colspan="2"></td><td>指导老师</td><td colspan="3"></td></tr>
<tr><td rowspan="5">组长的管理沟通能力</td><td rowspan="2" colspan="3">1. 组长能积极地为小组服务。</td><td>自评</td><td>互评</td><td>师评</td></tr>
<tr><td></td><td></td><td></td></tr>
<tr><td colspan="3">2. 能平均、合理地分配任务。</td><td></td><td></td><td></td></tr>
<tr><td colspan="3">3. 能做好材料的收集、整理工作。</td><td></td><td></td><td></td></tr>
<tr><td colspan="3">4. 能做好与老师和小组成员的沟通。</td><td></td><td></td><td></td></tr>
<tr><td rowspan="4">团队合作能力</td><td colspan="3">1. 每个成员都能积极地参与小组活动。</td><td></td><td></td><td></td></tr>
<tr><td colspan="3">2. 每个成员都有自己明确的任务，并能认真地完成任务。</td><td></td><td></td><td></td></tr>
<tr><td colspan="3">3. 小组成员间能认真倾听，互助互学。</td><td></td><td></td><td></td></tr>
<tr><td colspan="3">4. 小组合作氛围愉快，合作效果好。</td><td></td><td></td><td></td></tr>
</table>

小组活动中遇到了哪些困难，怎样克服？（要求填写具体的事情和详细的解决办法）
小组活动中谁在观察、记录、分析、讨论、总结方面表现最突出？他（她）的具体表现有哪些？
小组活动中存在哪些不足（比如观察、记录、分析等）？怎样改进？

表10–7　学生评价表

班级：________ 小组：__________ 时间：___________ 姓名：___________

评价内容		自评	互评	师评
参与态度	1. 认真参加活动，对活动始终保持浓厚的兴趣。	☆	☆	☆
	2. 能积极学习各种电脑、网络知识，能利用网络与他人进行交流。	☆	☆	☆
	3. 能发挥自身的优势为团队提供必不可少的帮助，努力完成自己承担的任务。	☆	☆	☆
协作精神	4. 能积极配合小组开展活动，服从安排。	☆	☆	☆
	5. 能积极地与组内、组间成员交互讨论，能完整、清晰地表达想法，尊重他人的意见和成果。	☆	☆	☆
	6. 在活动中，能与大家互相学习和帮助，促进共同进步。	☆	☆	☆
创新和实践	7. 有浓厚的好奇心和探索欲望。	☆	☆	☆
	8. 在团队遇到问题时，积极思考，能提出合理的解决方法。	☆	☆	☆
	9. 活动中，能发挥个性特长，施展才能。	☆	☆	☆
能力提高	10. 活动中，能运用多种渠道搜集信息。	☆	☆	☆
	11. 在活动中遇到问题不退缩，并能自己想办法解决。	☆	☆	☆
	12. 与他人交往沟通的能力得到提升。	☆	☆	☆
总体体会	我的收获是：			
	我的感受是：			
	我还需努力的是：			

A 等，五颗☆；B 等，四颗☆；C 等，三颗☆；D 等，二颗☆及以下。

拓展训练

周大姐的生意经

周大姐自己会做汤面，哥哥当过糕点师傅，其余三个亲戚不是当过餐饮业的服务员，就是卖过红薯、油条等小吃。于是，她们跑到了外来人口较多的深圳市，希望找到投资的新点子。在深圳，一种被起名为“麦香饼”的新兴夹心烧饼正在到处热卖，做起来不难，也不用“加盟连锁”，属于小业主们按照自己的想法创造出来的产品，市场销量好，价格又不贵。周大姐决定做这个生意。

回到家中，她与几个亲戚进行了产品研发，一下子做出了30多个品种，经过反复实验，周大姐的烧饼终于在亲友间获得认可，于是她放下心来，开始了最后的选址。

她选址在街面人流量大，租金也不算太贵，与大餐厅毗邻的位置。小店投资如下：转让接手费用10 000元，一次性支付3个月铺面租金18 000元，设备费用7 000元，生产工具2 000元，首次进货5 000元，总投资约40 000元。

7月炎炎夏季，周大姐的烧饼店终于开张了。尽管生意很好，周大姐还是发现夏天吃烧饼太干。于是，她又投资千元为小店配备了豆浆机与果汁机，还打出了“现榨豆浆”的条幅，招揽了更多的顾客。

之后，周大姐根据季节的变化不停转换产品。跟着天气走，跟着需求走，小生意长盛不衰。现在，周大姐的小吃店每月收入30 000元，铺面租金6 000元，各项税费2 000元，管理及水电费3 500元，补充原料5 000元，人工费用8 000元，每月利润5 500元。周大姐获得了可观的利润。

小组讨论：

1. 周大姐创业成功的关键因素有哪些？
2. 周大姐的小吃店如果第一个月收入20 000元，是否要追加营运资金？
3. 周大姐小本创业成功对你有哪些启发？

活动目的：此活动目的在于锻炼学生的理论与实践结合的综合运用能力及团队协调合作能力，达到学以致用、实践引领理论的学习效果。

主题活动十一

失败是成功之母——创业风险

活动导航

创业意味着挑战和风险。挑战与风险伴随着创业始终，创业者大多是坚忍不拔、激情执着、忙碌勤奋的，在创业过程中如何应对挑战和风险，是每位创业者都要面对和回答的问题。创业者在创业时一般都是向成功者学习经验、借鉴经验。事实上，成功的经验有千千万万，但别人的经验不一定适合自己，而失败的经验却往往蕴含着很多相通的道理、相似的教训。如何充分利用这些失败经验，并在实际创业中尽量去规避，对我们的创业将会有很大的帮助。

本次活动基于以上考虑，设计“创业风险认知与管理”沙龙，让学生近距离接触创业失败案例，通过交流、总结，以及讨论，对创业的风险形成客观认识，具有更加积极的创业风险承担思维与管理意识，为日后真正踏入创业历程做好准备。

任务设计

活动主题：创业风险多认知　创业道路少陷阱

活动介绍

本活动是一次对创业的风险进行认识并进行实例分析的活动，活动地点灵活，既可以在校内，又可以在校外（如创业孵化器、双创中心、企业文化中心等）；参与者包括教师、学生、创业导师、创业案例当事人等；通过经验分享、案例讨论、创业点评等多种方式，在氛围轻松、自由的沙龙活动中，引领学生结合之前所学创业知识，认知创业中的风险，了解控制和减少风险的有效方法，使学生对创业风险具有较为理性的认识和心理准备。

学习目标

1. 了解创业风险类型，树立创业风险的意识。

2. 能够分析和预判创业可能存在的风险及陷阱，并提出较为合理的解决策略。

3. 了解规避风险的方法。

准备工作

1. 学生通过网络、人脉等资源，对部分企业创业过程中遇到的困难进行社会调研，总结归纳创业失败的原因及其解决办法。

2. 教师做好沙龙活动流程、参与嘉宾（1～2名）的邀请、时间安排、话题大纲等工作。

3. 做好班级学生的小组分工、职责划分和任务分配。

4. 提前设计小组体验活动任务表和评价表，准备笔、笔记本等文具。

团队分工

选择2名班级成员担任沙龙活动秘书，负责协助教师制定活动日程、与嘉宾对接等工作，锻炼学生社交能力和组织能力。

选择2名班级成员负责沙龙活动时间、地点、场地布置、服务等会务工作。

剩下所有同学按人数分配，按照“七巧板”游戏方式组成团队，每组5～6人。选定组长，负责协调小组活动前、中、后工作，与老师进行细节沟通。每组选定一名小组记录员，负责做好小组活动照片记录、填写小组活动评价表，并记录经民主测评后的小组成员的表现计分。

其他成员服从指挥，听从安排，按要求完成任务。

任务完成

1. 根据活动体验，团队成员开展小组讨论，交流活动收获及心得，发表各自观点。

2. 小组成员完成活动调研报告。

3. 小组记录员与教师完成团队活动评价表和小组成员评价表。

活动组织内容及流程可参考表11–1活动任务书。

表11–1　活动任务书

任务名称		小组名称	
活动日期		活动地点	企业／教室
小组成员		指导教师／嘉宾	

（续表）

课前任务及完成情况	（此处可记录、可张贴） 1. 通过调研，同学们发现创业中面临的风险主要有哪些？ 2. 如何规避或防范创业的风险？ 3. 准备1～2个创业项目（点子），可以是自己的，也可以是小组一起规划的，也可以是身边的实际案例，整理出基本情况，在创业沙龙上与嘉宾讨论。
课中活动过程	（一）本次活动的注意事项（由小组组长在布置活动任务前填写） （二）活动组织流程及时间计划（90分钟） 1. 教师主持整场活动，做开场白及嘉宾介绍。（10分钟） 2. 观看创业案例的视频，请参与嘉宾谈看法、谈个人的创业经验及教训，引领学生初步了解真实的风险所在。（30分钟） 3. 提问环节，结合前期社会调研得到的知识与嘉宾互动交流。（10分钟） 4. 以小组为单位，每小组选1～2个真实的创业项目进行口头阐述，在嘉宾的指导下，分析该项目的风险所在，以及规避途径或解决方法。做好记录。（25分钟） 5. 小组成员讨论、汇集活动体验的收获，交流心得。（10分钟） 6. 教师总结本次活动。（5分钟） （三）学生任务 1. 带着问题参与沙龙，积极与嘉宾沟通。 2. 将课前准备的创业项目（点子）在沙龙上进行分享，具体包括： （1）主动分享本人对该项目风险的认知。 （2）提出困惑，听取嘉宾及其他参与者的建议。 （3）将分析及建议记录下来。 （4）做好讨论总结，完成活动任务表。 （四）教师任务 1. 把控沙龙活动流程和节奏，引导嘉宾及同学积极交流。 2. 把握话题的关键点及知识点的嵌入，保证不偏题。 3. 组织好项目点评及讨论环节。

（续表）

活动成果	知识收获： 能力收获： 情感素质收获：
课后反思及活动剪影	（此处可记录、可张贴）

知识点拨

一、创业风险的划分

创业风险是指在企业创业过程中存在的风险，是指由于创业环境的不确定性、创业机会与创业企业的复杂性，创业者、创业团队与创业投资者的能力与实力的有限性而导致创业活动偏离预期目标的可能性。简而言之，风险是一种不确定的可能性，它有两个要素：一是结果的“不确定性”，二是失败或亏损的“可能性”。

识别企业所面临的风险对实现企业的战略目标具有重要意义。因此，必须对种类繁多的创业风险按一定的方法进行科学管理，以便对各种风险进行识别、测定和管理。

（一）按创业风险的内容划分

按内容划分，创业风险主要包括来自行业、市场、财务管理、技术、经营、政策和环境等方面的风险，其主要表现形式有以下几个方面：

1. 项目风险

创业项目风险就是指在确定创业项目，实施一系列步骤创办企业，将产品或服务投入市场的过程中产生的不确定性和可能发生的危险。任何创业项目的确定都要以充分、科学、合理的市场调研分析为前提，而不是仅仅凭借自己的兴趣爱好或者一时兴起。没有市场调研就没有话语权，在不进行市场分析的基础上，在没有确定有市场机会、明确目标客户和进行市场定位之前就草率地确定创业项目，很容易出现对市场评估出现偏差、项目选择错误、项目进度开展不科学等一系列问题，使创业刚一起步就面临着方向性错误的风险。

2. 创业资金风险

资金风险是指在企业创办的整个过程中，因资金的筹集、供应、回流不足而导致创业失败的可能性的风险。资金风险很可能贯穿整个创业的过程，特别在创办企业的起步阶段显得尤为重要，启动资金的筹集和规划直接影响创业能否顺利开展。初创业者，特别是刚进入社会的学生，普遍缺少雄厚的资金支持，启动资金的筹集方式较为单一，加上多数缺乏财务分析和资金管理方面的经验，相当多的学生会在创业初期就因资金筹备不充分、企业运转不利而严重危及业务的拓展，甚至因资金链断裂而不得不宣告倒闭。

3. 创业技能风险

相比较“社会人”而言，学生接触最多的环境就是学校，所以在经验、年龄、阅历、心理等方面都不占优势。创业是一个复杂而多元的工程，市场不会对稚气未脱的学生网开一面。虽然学生的理论功底不错，但在面对社会和市场时，学生们书卷气浓烈，缺乏将书本知识结合实际情况展开的实操技能和经验。这样就很容易在创业过程中“眼高手低”“处处碰壁”。对创业的政策法规的了解不够，缺乏关联企业的工作经验，缺失创业应该掌握的知识和技能，缺乏对市场敏锐的洞察力，对人事管理的理性、科学思考不足，对困难风险缺乏一定的预见性和应对能力，这些基本技能的匮乏都会不可避免地降低创业成功率。

4. 创业竞争风险

竞争风险是指在创办企业的过程中由于市场竞争而给企业带来的不确定性或损失。同行业之间激烈的竞争在市场经济的环境下是不可避免的，任何企业都要面对、参与市场竞争。如何在“互联网 +”共享资源丰富的新经济形态下，提升企业的竞争力是创业的大学生随时要考虑的事。对初次创业者来说，创业项目可能是自己人生中的首创，但对于整个社会和市场而言，却未必是第一家，即便是抢占商机成为第一家，也不会永远是唯一的一家。这就面临如果创业所涉及的行业又是一个市场竞争激烈、市场容量趋向饱和的领域，那么初创业者能否稳稳地打入市场并存活的问题。在优胜劣汰的市场竞争中，这就取决于创业者的能力和策略。竞争无处不在，时刻保持竞争风险意识有利于在同行的残酷竞争中勇于创新。

（二）按创业过程划分

创业活动需要经历一定的过程。一般而言，创业过程可分为四个阶段：识别与评估机会；准备与撰写创业计划；确定并获取创业资源；新创企业管理。因此，创业风险可分为以下四类：

1. 机会识别与风险评估

这类风险就是在机会的识别与评估过程中，各种主观因素（如信息获取量不足、信息把握不准确、推理偏差等）使创业一开始就面临方向错误的风险。另外，由于创业而放弃了原有的职业所面临的机会成本风险，也是该阶段存在的风险之一。

2. 创业计划风险

创业计划往往是创业投资者决定是否投资的依据，因此创业计划是否适合将对具体的创业产生影响。创业计划制订过程中各种不确定性因素与制定者自身能力的局限性，也会给创业活动带来风险。

3. 获取资源风险

由于存在资源缺口，创业企业无法获得所需的关键资源，即使可以获得一些资源，但获得的成本较高，给创业活动带来一定风险。

4. 管理风险

这类风险主要包括管理方式、企业文化的创建、企业发展战略的制定等各方面存在的风险。

除以上风险外，对于创业者来说，法律风险也是不可回避的一类风险。在创业初期，新企业必须处理好一些重要的法律问题。创业涉及的法律问题相当复杂，对创业者而言，最重要的是能提早认识到这些问题，以免由于早期的法律失误而使新企业付出沉重的代价。创业者一定要有法律意识，在签署合同、洽谈业务中请法律顾问或者有经验的人士帮助把关，通过规范操作，降低创业风险。

表 11–2　创业企业不同阶段的法律问题

创建阶段的法律问题	经营现行业务中的法律问题
确定企业的法律形式	人力资源（劳动）法规
设立税收记录	安全法规
进行租赁和融资谈判	质量法规
起草合同	财务和会计法规
申请专利、商标和版权保护	市场竞争法规

二、创业风险的识别方法

所谓风险识别，是指在风险发生之前，纵观企业各项管理活动的发展过程、企业管理的各个环节，运用各种方法，系统地、连续地发现风险和不确定性的过程。风险识别的任务是认识和了解企业存在的各种风险因素及其可能带来的严重后果。识别风险可以使用多种方法，可以从不同层次、不同角度进行，实际操作时应视情况灵活运用。

1. 环境分析法

环境是影响创业的一个重要因素，因此对创业环境进行分析，可以识别特定的创业风险。通过分析新创企业内外环境条件对企业经营活动的影响，可以发现风险因素及企业可能发生的损失。在进行创业环境分析时，要重点考虑的是创业内外部环境中各因素之间相互联系的特征及这些联系的异质性和稳定性。如果创业内外环境因素的相互关系及稳定程度发生变化，就预示着创业即将面临风险和潜在损失。

2. 分解分析法

分解分析法就是将复杂的事物分解成简单的、容易识别的事物，从而识别可能存在的风险的方法。创业是一个大系统，将大系统分解为按一定标志构成的子系统，可以从不同角度、不同层次进行风险分析，这样有利于探明产生企业风险的源头。

3. 流程图法

流程图法是指通过建立一系列流程图展示企业经营活动的全过程，对每一个环节逐一进行调查分析，运用潜在损失一览表来确定企业所面临的损失，从中发现潜在风险的一种风险识别方法。借助潜在损失一览表，分析每一流程图所展示的各种经营活动所涉及的财产、责任、人员等方面的潜在损失，能够使企业有效地识别和鉴定风险，及时制订相应的对策。这种流程图在识别关系到整个生产过程的“瓶颈”风险时特别有用。

4. 财务报表分析法

任何企业的经营活动要么涉及货币，要么涉及财产，即必定会涉及财务。因此，企业面临的风险在很大程度上可从其财务所涉及的方方面面得以体现。财务报表分析法是以企业的资产负债表、利润表、财务状况表和财产目录等资料为依据，对企业的固定资产、流动资产等情况进行风险分析，以便从财务的角度发现企业面临的潜在风险。

关于风险的识别，有一个很好的方法，称作情景计划法。它是指按照企业经营的全过程，将经营过程进行情景化描述，在描述情景的同时对企业面临的风险进行识别。同时我们还要注意，无论采用的方法多么先进，分析得多么透彻，都不要期望可以识别出所有的风险。企业经营过程中有很多不可控因素，因此创业者要随时做好应对创业风险的准备。

表 11-3　创业风险清单示例（情景计划法）

法律法规政策：开展业务是否被允许	生产力：是否达到目标
区域文化、风俗：业务是否容易被接受	行政：过程及程序是否运行良好
延迟营业：有什么主要活动导致延迟	品牌识别：是否已成立
竞争者：他们在做什么	知识产权：是否安全
竞争优势：是否已被侵蚀	技术：变化如何影响你
市场：如何变化	投资：需要更多投资吗
用户价值主张：是否体现	存货 / 库存：是否足够或太多
产品（服务）质量：是否足够好	推销：是否在控制之内
用户服务：他们满意吗	债务人 / 应收款项：是否在控制之内
现金流量表：是否足够	利率：变化将如何影响你
销售：是否达到目标	兑换率：变化将如何影响你
利润：是否达到目标	管理：团队组织得好吗
运营：主要活动是否受控	

三、创业风险控制

风险无处不在，一旦发生，难免给企业带来损失。因此，最有效的办法就是控制风险的发生，或将损失降到最小。创业风险控制是指通过不同的方法和措施，使创业风险造成的损失最小。常见的创业风险控制方法包括回避风险、转移风险、损失控制和自留风险。

1. 回避风险

回避风险是指尽可能地规避所有可能发生的风险，直接消除风险损失。它包括两种方式：先期回避和中途放弃。这两种方式都是基于承担或继续承担风险的成本将大大超过以避免风险的代价这样一种认识。

先期回避是最彻底的回避。例如，某化工企业曾计划在某小镇的郊区进行新产品实验，但这一计划有可能导致该镇居民财产的巨大损失。企业可以通过购买保险以预防这种可能，但保险费大大高于公司愿意支付的数额，结果公司决定取消这项实验以避免赔偿巨大财产损失的风险。

中途放弃是当企业发现重大风险后，终止后续生产与经营行为。例如，某制药企业从报告中得知所生产的某种药品有严重毒副作用，于是立刻停止生产该药品。

回避风险具有简单、易行、全面、彻底的特点，能从根本上排除风险来源和风险因素，将风险的概率降为零。该方法通常用于损失程度大、发生频率高的风险，或者其他风险控制技术成本超过产生的效益的风险。

2. 转移风险

转移风险是指一些经济单位和个人为避免承担风险损失，有意识地将损失或与损失有关的财务后果转嫁给其他经济单位或个人去承担。转移风险有保险转移和非保险转移。

保险转移是指向保险公司缴纳保险费用，将风险转移给保险人。在这种转移中，保险人无条件地同意接受由损失引起的财务负担，因此投保人将损失的财务后果转嫁给了保险人，保险人提供有效的损失补偿，分散风险。但保险并非万能，一般适用于只有损失机会而无获利可能的情况。

非保险转移的受让人不是保险人，而且大部分转移是通过针对其他事项的合同中的条款来实现。有关非保险转移的合同多数是为了转移财产直接损失或收益损失的财务后果，或者转移对第三者所负的经济责任，也有少数为了处理人身损失。非保险转移主要有转移风险源、通过契约责任转移风险等方式。

3. 损失控制

损失控制是指在风险发生时或在损失发生后，为了减少损失程度所采取的各种措施。损失控制的目的主要是减少损失发生的机会或降低损失的严重性，使损失最小化。损失控制的方法主要有损失预防和损失减少两种。

损失预防是一种事前的、积极的风险控制技术，即采取各种措施努力消除造成风险的一切因素，以达到减少损失发生的次数或避免损失发生的目的。进行损失预防活动，要将注意力放在消除或减轻风险因素，改变或者改善存在风险因素的环境，抑制风险因素和风险环境的相互作用上面。

损失减少是一种事后的风险控制技术，它试图通过一系列措施来降低损失的严重程度，使损失带来的影响降到最低。损失减少和损失预防对策不同，前者更关注风险的后果。广泛采用的一种风险预防方法是“挽救”。完全损失的情况是较少发生的，因此我们可以采取挽救措施尽可能减少损失。例如，一片被冰雹损毁了的作物农田，经过抢种、补种仍有可能获得收成。

4. 自留风险

自留风险是指企业既不回避也不转移风险，而是自行承担风险及损失发生后的直接财务后果。自留是处理风险最普通的方法，以这种方式处理风险并不是因为没有其他的风险处置办法，而是出于经济性的考虑。该方法主要应用于发生概率低、损失程度小的风险。

自留风险在费用的筹措和开支上存在着一定的局限性，其应用会有一定的局限。新创企业只有从其内外环境条件和经营活动实际出发，对各种风险控制方式加以比较分析和权衡并综合运用，才有可能提高风险管理的效能。

四、创业退出机制

创业退出战略是企业风险管理的一项重要内容，包括产业退出、市场退出、股权退出等。把握退出时机，选择退出方式，是企业立于不败之地的关键。许多创业者在创业的过程中很少考虑适时退出，至少在可预见的未来不考虑这个问题。“老板在，公司在”，他们认为自己不需要考虑退出战略。实际上，在市场瞬息万变的今天，当我们开始倾注心血创业的时候，就应该想好自己的退路。因为它能够让我们清楚自己的创业征途有一个怎样的终点和底线，让我们明确自己努力的焦点。

任务评价

表 11–4　“七巧板”团队合作评价表

学校：________ 班级：_______ 小组：_________ 时间：_________

<table>
<tr><td>小组名称</td><td colspan="5"></td></tr>
<tr><td>组长</td><td></td><td>组员</td><td colspan="3"></td></tr>
<tr><td>活动起止时间</td><td colspan="2"></td><td>指导老师</td><td colspan="2"></td></tr>
<tr><td rowspan="4">组长的管理沟通能力</td><td colspan="2">1. 组长能积极地为小组服务。</td><td>自评</td><td>互评</td><td>师评</td></tr>
<tr><td colspan="2">2. 能平均、合理地分配任务。</td><td></td><td></td><td></td></tr>
<tr><td colspan="2">3. 能做好材料的收集、整理工作。</td><td></td><td></td><td></td></tr>
<tr><td colspan="2">4. 能做好与老师和小组成员的沟通。</td><td></td><td></td><td></td></tr>
<tr><td rowspan="4">团队合作能力</td><td colspan="2">1. 每个成员都能积极地参与小组活动。</td><td></td><td></td><td></td></tr>
<tr><td colspan="2">2. 每个成员都有自己明确的任务，并能认真地完成任务。</td><td></td><td></td><td></td></tr>
<tr><td colspan="2">3. 小组成员间能认真倾听，互助互学。</td><td></td><td></td><td></td></tr>
<tr><td colspan="2">4. 小组合作氛围愉快，合作效果好。</td><td></td><td></td><td></td></tr>
<tr><td colspan="6">小组活动中遇到了哪些困难？怎样克服？（要求填写具体的事情和详细的解决办法）</td></tr>
<tr><td colspan="6">小组活动中谁在观察、记录、分析、讨论、总结方面表现最突出？他（她）的具体表现有哪些？</td></tr>
<tr><td colspan="6">小组活动中存在哪些不足（比如观察、记录、分析等）？怎样改进？</td></tr>
</table>

表11–5 学生评价表

班级：________ 小组：__________ 时间：___________ 姓名：___________

评价内容		自评	互评	师评
参与态度	1. 认真参加活动，对活动始终保持浓厚的兴趣。	☆	☆	☆
	2. 能积极学习各种电脑、网络知识，能利用网络与他人进行交流。	☆	☆	☆
	3. 能发挥自身的优势为团队提供必不可少的帮助，努力完成自己承担的任务。	☆	☆	☆
协作精神	4. 能积极配合小组开展活动，服从安排。	☆	☆	☆
	5. 能积极地与组内、组间成员交互讨论，能完整、清晰地表达想法，尊重他人的意见和成果。	☆	☆	☆
	6. 在活动中，能与大家互相学习和帮助，促进共同进步。	☆	☆	☆
创新和实践	7. 有浓厚的好奇心和探索欲望。	☆	☆	☆
	8. 在团队遇到问题时，积极思考，能提出合理的解决方法。	☆	☆	☆
	9. 活动中，能发挥个性特长，施展才能。	☆	☆	☆
能力提高	10. 活动中，能运用多种渠道搜集信息。	☆	☆	☆
	11. 在活动中遇到问题不退缩，并能自己想办法解决。	☆	☆	☆
	12. 与他人交往沟通的能力得到提升。	☆	☆	☆
总体体会	我的收获是：			
	我的感受是：			
	我还需努力的是：			

A 等，五颗☆；B 等，四颗☆；C 等，三颗☆；D 等，二颗☆及以下。

拓展训练

首先，了解你是哪种类型的人？

表11-6　你能承担多大的风险

类型	性 格 特 点
激进型	心理素质很强，能够经受大起大落的冲击。愿意接受高风险的项目，并随时准备从中获取高额利润。
中庸型	自己有一定的抗风险能力，愿意承担一定的风险，以求较高的回报。
保守型	为了安全地获取眼前的利益，宁愿放弃可能存在的高于一般收入的利润，奉行安全第一的准则。
极端保守型	几乎不愿冒任何风险，如果选择投资方式，他一定会将钱存在银行里。

其次，分别做以下两个测试。

测试一：

1. 你能够接受赔钱吗？
2. 在压力之下，你是否依然能够表现较好？
3. 你的性格是否乐观，可以免于过度忧虑？
4. 购买股票和把钱存进银行，你是否会选择前者？
5. 你对于自己的决定是否从来都很有信心？
6. 你是否喜欢自己投资而不是通过投资机构？
7. 在意外损失出现时，你能否控制住自己的情绪？

测试二：

1. 你是否有足够的收入满足家庭基本需求？
2. 你购买了人寿、健康保险吗？
3. 一旦你失业或者丧失了主要经济来源，你的积蓄是否足够你使用半年？
4. 你有沉重的财务负担吗？

解析：测试一，如果你的答案超过5个“是”的话，说明你属于激进型，如果经营得当，你将成为非凡的商界成功者。不过，这个测试只能告诉你自己属于哪一类型的人。要成为真正合格的商人，最关键的因素还是在于自己对于风险的承受能力，这可不是单凭性格激进就能够做到的。

测试二，如果你的测试答案全部为“是”，那就说明你是一个抵抗风险能力极强的人。假若你的性格也是激进型的，可以说风险背后的商机简直就是为你而存在。相反，倘若你的答案大部分都是“否”，而你又是一个激进的人，那么创业对于你而言可能需要慎重考虑一下。

测试说明：本练习可以个人独立完成，也可以邀请同学或朋友和你一起完成，给你出主意，帮你参谋。本测试主要帮助学生认识自己内心的抗压程度，提高抵抗风险的技能，慎重创业。

主题活动十二

我也来试试——创业路演

活动导航

创业项目路演是创业过程中的一个重要环节，是创业者为推介自己的创业项目，面向市场、面向投资者推广自己拟实施或已实施的创业项目，以期望能获取及整合多种外部资源。同学们在学习了一系列创业知识后，对创业有了较为全面的认识，此时可以通过模拟创业路演的活动，促使同学们将设想变成基本可操作的项目或创业的点子，并在此基础上撰写出项目计划书并进行路演展示，真实体验项目路演对于创业的重要性。

基于以上考虑，本次活动设计了模拟创业项目路演活动，让学生自主规划创业项目、自主展示，通过实践将所学知识进一步内化。

任务设计

活动主题：创业项目具雏形　创业路演我试试

活动地点：学生创业工坊

活动介绍

本活动是学校创业课程体系中的一次活动安排，是综合利用学生所学创业知识，考查学生综合能力的一次检验。活动周期可以安排较长一些，建议在2~3周内完成，可以全校规模进行，也可以在系部、班级举行。每学年举办一次，一般安排在即将进入实习阶段的年级。参与者可以是学校领导、创业教育教师、学生、合作企业、创业导师、优秀创业毕业生代表等。范围大小可控制，有条件的可以作为学校的创业大赛，条件不允许的可以作为创业教育课程的一部分。通过活动的举行，综合考查学生的创业理论知识和初创能力。

学习目标

1. 了解创业项目推介的意义与作用。
2. 掌握创业计划书的撰写。
3. 掌握项目路演的内涵、目的与条件。
4. 了解创业者在路演前需要做的准备工作。
5. 掌握项目路演的内容、策略与技巧。

准备工作

1. 学生通过网络搜集相关创业计划书和创业路演等资源，预习教材知识点拨相关知识，对创业计划书的框架和创业路演流程具有初步认知。

2. 做好班级学生的小组分工、职责划分和任务分配。

3. 提前设计小组体验活动任务书，准备好评价表、笔、笔记本等资料。

4. 做好体验活动的安全教育工作。

时间计划

1. 教师讲解活动注意事项和任务要求。（10分钟）

2. 教师引领同学们初步认知创业项目计划书的框架和创业路演流程。（30分钟）

3. 团队分小组分别根据任务布置和学习目标开展活动。（创业项目计划书框架搭建2周时间，项目路演90分钟）

4. 小组成员集合、头脑风暴，讨论活动体验的收获，交流心得，完成活动任务书。（30分钟）

表12–1　活动任务书

任务名称		小组名称	
活动日期		活动地点	学生创业工坊
小组成员		指导教师 / 被调查人	
课前任务及完成情况	（此处可记录、可张贴）		

（续表）

<table>
<tr><td>课中
活动
过程</td><td>（一）本次活动的注意事项（教师布置活动任务后由组长填写）

（二）任务要求
1. 预习教材知识点拨。
2. 网络调研创业计划书的撰写和创业路演的相关知识。
3. 团队分组完成创业计划书。
4. 团队分组布置创业路演中文档版创业计划书、路演 PPT、市场调研报告等任务。
5. 完成路演任务和活动任务书，实现理论知识与实践的融合学习。
6. 小组头脑风暴，总结活动任务完成过程中的遇到的问题，应如何解决，以及学习收获。
（三）任务解决方案
1. 解决方法：调研法、项目实践法、小组合作法
2. 解决过程：
（1）制订任务完成方案。
（2）布置完成创业项目计划书的撰写，查阅资料，分组学习、讨论，撰写初稿。
（3）根据成型的创业计划书，布置完成创业路演的各步流程。
（4）创业路演实战，届时邀请校内导师、校外创业导师、学生等成员组成评委团，进行分别评价。
（5）活动结束后，小组总结汇报活动要点。</td></tr>
<tr><td>活动
成果</td><td>知识收获：

能力收获：

情感素质收获：</td></tr>
<tr><td>课后反思及
活动剪影</td><td></td></tr>
</table>

团队分工

1. 班级成员按人数分配，按照“七巧板”游戏方式组成团队，每组5人。

2. 选定组长，组长轮值，负责指挥小组整个活动流程，与老师进行细节协调。

3. 选定小组记录员，负责填写小组活动评价表，并记录经民主测评后的小组成员表现计分。

4. 其他成员服从指挥，听从安排，按要求完成任务。

5. 与教师共同商定创业路演项目评委团的成员组成。

任务完成

1. 根据活动体验，团队成员开展小组讨论，交流活动收获及心得，发表各自观点。

2. 小组成员完成活动任务书。

3. 小组记录员与教师及创业导师完成团队活动评价表和小组成员评价表。

知识点拨

一、创业计划书

一份简洁明了的创业计划书会“传递出积极行动而不是积极计划的信号”。满怀激情的创业者可以在很短时间内完成创业计划，因为他们的目标非常明确：我要干一番事业，而不是在纸上空谈一番事业。

（一）创业计划书的含义

创业计划书是创业者在详尽筹划特定创业活动后，对该创业活动所有相关的外部条件及内部要素的系统描述。在制订创业计划书时，要估计内外部要素，以某种思维方式、组织方式系统呈现。创业计划书的类型很多，但核心要素有五个：消

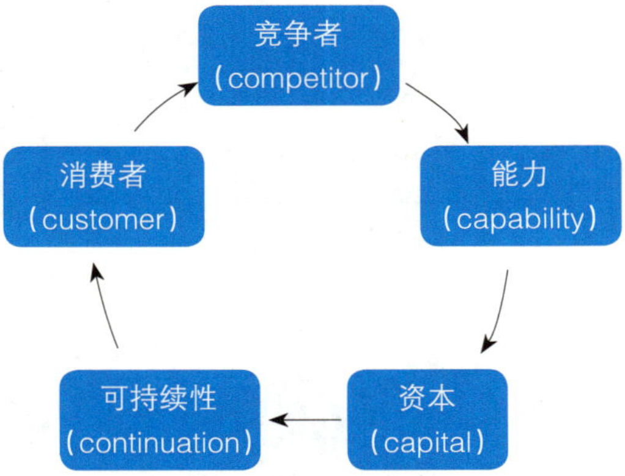

图12－1　创业计划书的核心要素

费者（customer）、竞争者（competitor）、能力（capability）、资本（capital）、可持续性（continuation），可概括为“5C”。

撰写创业计划书的过程是创业者信息搜集分析的过程，是把创业想法变为创业项目的过程，锻炼了创业者的规划和决策能力，使创业者学会设计商业模式，学会理财。创业计划书是创业者的行动导向和路线图，为创业者提供指导和规划；是创业者与外界沟通展示的桥梁，其重要用途是融资报告书，递交给投资商，以便他们能对企业或项目做出评判，从而使企业获得融资；创业计划书是创业者吸引创业伙伴的重要途径。

（二）创业计划书的内容

创业计划书是投资人对公司进行初步了解的常用方式。投资人根据创业计划书决定是否跟随创业者进入下一个环节。因此，创业计划书编写得好坏，有时候决定了公司融资的成败。一份好的创业计划书一般包括以下几方面：

1. 项目简介。分别用一句话清晰地描述你的商业模式、项目价值、市场规模及发展愿景、竞争优势、团队组成、获利渠道、融资目的和金额。

2. 产品服务介绍。产品服务介绍要说明公司的产品或服务是什么，能帮客户解决什么问题，与同类产品相比具有哪些优势，能为投资者带来哪些利益等。对于首创、独创之类的说法一定要非常谨慎。

3. 商业模式。就是企业创造价值的核心逻辑，是创业者如何通过自己的产品和服务，让客户从口袋里掏钱给你，以及在业务过程中，有哪些业务合作伙伴，如何与合作伙伴合作分享及分配收入。

4. 团队管理。在创业计划书中，创业者往往需要尽可能详细地介绍管理团队，因为管理团队是投资者做出投资决定的重要考量因素。

5. 行业及市场。行业历史与前景、市场规模及增长趋势、行业竞争对手及本公司竞争优势，未来几年内市场销售预测。

6. 营销策略。在价格、促销、建立销售网络等方面拟采取的策略及其可操作性和有效性，对销售人员的激励机制。

7. 财务预测及资金的退出。主要对未来3～5年的营业收入和成本进行估算，计算并制作出销售估算表、成本估算表、现金流量表、计算盈亏平衡点、投资回报率等。

8. 融资说明。资金需求量、用途、使用计划、拟出让股份，投资者权利，退出方式。

9. 摘要。摘要是对整个计划书的概括，从某种程度上说，投资者是否中意你的项目，主要取决于摘要部分。摘要出现在创业计划书的最前面，不过一般建议这部分放在最后完成。

（三）创业计划书的撰写技巧

1. 简明扼要。能用图片表示的内容不用表格表示，能用表格表述的内容尽量不要用文字，能用 PPT 展示的尽量不要用 Word。投资人时间有限，图片或者示意图配合少量的文字说明，能够让投资人快速理解你的项目；数据可以做成柱状图和表格，方便投资人对比；PPT 可以用来演示，方便多人在幻灯片前讨论。

2. 项目阐述。数据是支撑创意的支点，是说服投资人最有力的武器，他们可能对你描述的技术表示怀疑，但数据可以让他们信服。

3. 团队介绍。主角光环重要，但做事更重要。创业者要介绍团队核心成员的留学情况，曾任职的公司，做出的成绩、技术型项目。团队介绍要着重描述自己团队的科研实力。

4. 找到你项目里最吸引投资人的点，把它放在摘要里重点描述。这样投资人可以在一分钟内看到它。

5. 市场分析要言简意赅。

6. 关于竞争者和策略描述，创业者对自己和投资人诚实很重要。

7. 发展战略，展现 CEO 对企业发展的宏伟蓝图。

8. 在讲融资以前，最好先表明你们团队目前的股权架构。融资方案由两个核心部分组成：第一，你用多少股份换取多少投资；第二，你如何使用融到的资金。

二、项目路演

（一）路演的含义

顾名思义，路演是在马路上进行的演示活动。早期华尔街股票经纪人在兜售手中的债券时，为了说服别人，总要站在街头声嘶力竭地叫卖。

路演是促进投资者与融资人之间的沟通和交流，是在投、融资双方充分交流的条件下促进交易达成的重要推介、宣传手段。

（二）路演的特性

1.“项目路演”采取自愿报名、审核通过的机制。邀请全国范围内早、中期创业项目以及传统行业具备创新模式的项目参加。

2.“项目路演”是国内外诸多风险投资机构实现融资的高速公路。实现创业项目与投资人的零距离直面对话、平等交流、专业切磋，促进创业项目与投资人的充分沟通和加深了解，最终推动融资进程。

3. 规模：项目路演由 8 ~ 10 个创业项目和 8 ~ 10 个投资机构代表组成。确保每个项目进行较为充分的展示，并与投资人进行深入的沟通。

4. 私密性质：除创业项目和投资机构代表之外，项目路演全程谢绝无关人员参观。

5. 项目路演主办方及所有参会人员均须承诺：除非得到本人许可，对项目商业秘密和项目路演的资料进行严格保密，不将项目路演的任何内容用于其他商业目的。

（三）路演的准备

1. 思考投资人关心的问题

投资人最希望获得回报，审视一下自己未来能为投资人带来什么。我们的优势到底在哪里？能让投资人发现我们吗？每一步达到什么目标可以为下一步准备……

2. 准备一份比较详细的创业计划书

（1）详细描述产品或提供的服务，产品名称、功能、解决的问题、服务的内容以及满足的需求；

（2）目标客户画像、定价策略、营销策略、销售模式是 to B 还是 to C 还是其他、市场规模及调研（可以用咨询公司的市场分析数据佐证）；

（3）可以解决同样需求的产品 / 服务有哪些、价格怎样、专利情况、关联产品有哪些；

（4）提供目前的财务数据、研发投入费用、人力成本及管理费估算；

（5）团队详细的背景、履历、团队是否互补、稳定性、未来人力发展规划等。

3. 制作一份路演幻灯片

路演更多的是演讲，PPT 是辅助你的演讲思路。路演者的演讲和材料要注意三个方面：把听众的理解能力作为第一设计目标；不要超过三个关键概念；尽可能简洁等。

路演幻灯片可以按照以下部分来写：产品与服务、市场状况、竞争分析、商业模式、融资需求、团队介绍。

4. 提前了解投资机构

提前了解投资机构，做到知己知彼，能够提供项目路演成功率。具体包括摸清投资机构的“个性”；投资领域；投资金额；投资风格；投资机构及程序等。

（四）路演的基本内容

1. 讲故事。以一个动人的故事开始路演，这会从一开始就引起听众的兴趣。而且如果路演者可以把自己的故事和听众们联系起来的话就更加完美了。

2. 解决方案。分享创业项目的产品独一无二的地方，以及为什么它能解决前面所提到的问题。

3. 团队成就。路演者应该让投资人对创业者和创业团队有刮目相看的感觉。重点介绍几个关键的里程碑专利申请、与合作方签署合同、入账收入、顾客数量、员工数量、“大牛”战友成立时间。

4. 目标市场。把你的目标市场范围 TAM、SAM 和 SOM 理解清楚。其中，TAM 指的是潜在市场范围，SAM 指的是可服务市场范围，SOM 指的是可获得市场范围。

5. 获客方式。创业企业要怎样获取顾客？得到一个用户要花多少钱？怎么样的推广才算是成功？

6. 竞争对手。一个最好来展示你对于竞争对手优势的形式就是表格：一个方面一个方面来比较，逐一来说明你的优势。

7. 盈利模式。详细地介绍你的产品和定价、销售成本、佣金、分销商返点比例等，然后用事实来证明这个市场正在焦急等待着你的产品的进入。

8. 融资需求。清晰说明你的融资需求，出让多少股权，未来的财务计划如何。

9. 投资人退出机制。大部分投资人都想知道你的退出机制是怎么样的，你是希望被收购，还是上市，或者是别的退出方式。

图 12-2　项目路演的条件

任务评价

表 12-2　“七巧板”团队合作评价表

学校：________ 班级：________ 小组：________ 时间：________

<table>
<tr><td>小组名称</td><td colspan="6"></td></tr>
<tr><td>组长</td><td></td><td>组员</td><td colspan="4"></td></tr>
<tr><td>活动起止时间</td><td colspan="2"></td><td>指导老师</td><td colspan="3"></td></tr>
<tr><td rowspan="5">组长的管理沟通能力</td><td colspan="3" rowspan="2">1. 组长能积极地为小组服务。</td><td>自评</td><td>互评</td><td>师评</td></tr>
<tr><td></td><td></td><td></td></tr>
<tr><td colspan="3">2. 能平均、合理地分配任务。</td><td></td><td></td><td></td></tr>
<tr><td colspan="3">3. 能做好材料的收集、整理工作。</td><td></td><td></td><td></td></tr>
<tr><td colspan="3">4. 能做好与老师和小组成员的沟通。</td><td></td><td></td><td></td></tr>
</table>

（续表）

团队合作能力	1. 每个成员都能积极地参与小组活动。			
	2. 每个成员都有自己明确的任务，并能认真地完成任务。			
	3. 小组成员间能认真倾听，互助互学。			
	4. 小组合作氛围愉快，合作效果好。			
小组活动中遇到了哪些困难？怎样克服？（要求填写具体的事情和详细的解决办法）				
小组活动中谁在观察、记录、分析、讨论、总结方面表现最突出？他（她）的具体表现有哪些？				
小组活动中存在哪些不足（比如观察、记录、分析等）？怎样改进？				

表 12-3　学生评价表

班级：________ 小组：__________ 时间：___________ 姓名：___________

评　价　内　容		自评	互评	师评
参与态度	1. 认真参加活动，对活动始终保持浓厚的兴趣。	☆	☆	☆
	2. 能积极学习各种电脑、网络知识，能利用网络与他人进行交流。	☆	☆	☆
	3. 能发挥自身的优势为团队提供必不可少的帮助，努力完成自己承担的任务。	☆	☆	☆
协作精神	4. 能积极配合小组开展活动，服从安排。	☆	☆	☆
	5. 能积极地与组内、组间成员交互讨论，能完整、清晰地表达想法，尊重他人的意见和成果。	☆	☆	☆
	6. 在活动中，能与大家互相学习和帮助，促进共同进步。	☆	☆	☆
创新和实践	7. 有浓厚的好奇心和探索欲望。	☆	☆	☆
	8. 在团队遇到问题时，积极思考，能提出合理的解决方法。	☆	☆	☆
	9. 活动中，能发挥个性特长，施展才能。	☆	☆	☆
能力提高	10. 活动中，能运用多种渠道搜集信息。	☆	☆	☆
	11. 在活动中遇到问题不退缩，并能自己想办法解决。	☆	☆	☆
	12. 与他人交往沟通的能力得到提升。	☆	☆	☆

（续表）

评 价 内 容		自评	互评	师评
总体体会	我的收获是：			
	我的感受是：			
	我还需努力的是：			

A 等，五颗☆；B 等，四颗☆；C 等，三颗☆；D 等，二颗☆及以下。

拓展训练

每个小组基于当前“互联网 +”的经济发展趋势，尝试与当地经济相结合，采用“互联网 +”的各类网络平台，挖掘特色产品或服务，模拟创业项目，撰写创业计划书，进行创业项目路演。

邀请校内创业导师、校外创业孵化实践基地的创业导师及相关人员进行项目评价，为参加校内外各类创业大赛提供准备，成熟的项目可以尝试引入校外创业孵化器。

活动目的：此活动目的在于锻炼学生的创业理论与实践结合的综合运用能力及团队合作协调能力，达到学以致用、实践引领理论的学习效果。